21,90

ACCESO GRATIS *a la Lectura en la Nube*

Para visualizar el libro electrónico en la nube de lectura envíe junto a su nombre y apellidos una fotografía del código de barras situado en la contraportada del libro y otra del ticket de compra a la dirección:

ebooktirant@tirant.com

En un máximo de 72 horas laborables le enviaremos el código de acceso con sus instrucciones.

LA EDAD DE RESPONSABILIDAD PENAL DEL MENOR

Análisis a partir del estudio del perfil poliédrico de la madurez

Procedimiento de selección de originales, ver página web:
www.tirant.net/index.php/editorial/procedimiento-de-seleccion-de-originales

LA EDAD DE RESPONSABILIDAD PENAL DEL MENOR

Análisis a partir del estudio del perfil poliédrico de la madurez

Lina Mariola Díaz Cortés
Profesora titular Área Derecho Penal
Universidad de Salamanca

tirant lo blanch
Valencia, 2025

En caso de erratas y actualizaciones, la Editorial Tirant lo Blanch publicará la pertinente corrección en la página web www.tirant.com.

La presente obra ha sido sometida a la revisión de pares ciegos según el protocolo de publicación de la editorial a efectos de ofrecer el rigor y calidad correspondiente tanto en su contenido como en su forma, aplicándose los criterios específicos aprobados por la Comisión Nacional E 016 (BOE num. 286, de 26 de noviembre de 2016).

EDITA: TIRANT LO BLANCH
C/ Artes Gráficas, 14 - 46010 - Valencia
TELFS.: 96/361 00 48 - 50
FAX: 96/369 41 51
Email: tlb@tirant.com
www.tirant.com
Librería virtual: www.tirant.es
DEPÓSITO LEGAL: V-4880-2025
ISBN: 979-13-7021-553-8

Si tiene alguna queja o sugerencia, envíenos un mail a: *atencioncliente@tirant.com*. En caso de no ser atendida su sugerencia, por favor, lea en *www.tirant.net/index.php/empresa/politicas-de-empresa* nuestro procedimiento de quejas.

Responsabilidad Social Corporativa: http://www.tirant.net/Docs/RSCTirant.pdf

Por redescubrirme.
A la Luna creciente,
a la Luna menguante,
a la Luna llena.

Índice

Abreviaturas

Asamblea General de Naciones Unidas	AGNU
Artículo	Art.
Artículos	Arts.
Código Civil	CC
Constitución Española	CE
Código Penal	CP
Comisión Interamericana de Derechos Humanos	CIDH
Convención sobre los Derechos del niño	CDN
Convenio Europeo de Derechos Humanos	CEDH
Edad Mínima de Responsabilidad Penal	EMRP
Fundamento Jurídico	FJ
Jugendgerichtsgesetz, de 11 de diciembre de 1974(BGBI.I S. 3427). [Ley de Tribunales de Menores de Alemania].	JGG
Ley Orgánica	LO
Ley Orgánica 5/2000 del 12 de enero, reguladora de la responsabilidad penal de los menores	LORPM
Observación General	OG
Observación General del Comité de Derechos del Niño	OGCDN
Oficina de las Naciones Unidas contra las Drogas y el Delito	UNODC

Organización de Naciones Unidas	ONU
Reglas Europeas para infractores menores de edad sometidos a sanciones o medidas del Consejo de Europa de 2008	REIM
Sentencia del Tribunal Constitucional	STC
Sentencia del Tribunal Supremo	STS
Tribunal Europeo de Derechos Humanos	TEDH
Unión Europea	UE

Consideraciones previas

En Derecho Penal del Menor se pueden manejar múltiples temas de interés vinculados con la Teoría del delito, siendo por excelencia el escalón de la culpabilidad donde se encuentran interesantes puntos de análisis[1]. En este sentido la capacidad de culpabilidad es un punto fundamental, ¿cuándo considerar que un menor de edad [2]es responsable frente a un esquema específico, pero penal al fin y al cabo?

El cuándo, tiene que ver con el establecimiento en el Derecho, de diferentes edades para reconocer competencias en la persona menor de edad. Si bien puede ser positivo desde el punto de vista de la seguridad jurídica, fijar edades no deja de obedecer a formalismos que desconocen su individualidad. Es así como se maneja una lógica maniquea, ya que se parte de que una persona al llegar

---

1 En un importante trabajo de CRUZ MÁRQUEZ, B., *Educación y prevención general en el derecho penal de menores*, Marcial Pons, Ediciones Jurídicas y Sociales, Madrid 2006, p. 340, destaca aspectos como los matices que se deben plantear respecto a la propia imputabilidad, dado que determinadas circunstancias pueden afectar al elemento cognitivo por la socialización deficitaria o en su aspecto volitivo por dependencia emocional respecto a personas de referencia. De igual forma, respecto al conocimiento de la antijuridicidad por ejemplo, en casos de conflicto cultural o error de prohibición indirecto en donde hay una ponderación errónea de un bien jurídico tutelado por una causa de justificación. Respecto a la exigibilidad de otra conducta, aspectos como la comisión de un delito en el contexto de un grupo.

2 En este trabajo cuando se haga referencia al "menor"–al igual que su plural- se hará bajo la comprensión de que es un sujeto de derechos. No obstante también emplearemos "persona menor de edad", como sinónimo de dicho reconocimiento.

a determinada edad, pasa de no tener competencias autónomas a tenerlas, lo cual no resulta lógico a la luz de los nuevos avances de la psicología y la neurociencia[3] evolutiva[4] en torno al menor[5]

En efecto, no parece ser acorde con la propia naturaleza y progresión de la persona menor de edad, el establecer edades fijas que permitan determinar que con una edad no se tienen determinadas competencias y que cuando se supera dicha edad, sí se tienen. Ahora bien, pese a ello, lo cierto es que por las propias dinámicas del Derecho, se deben dar pautas de respuesta,

---

3 La neurociencia entendida como "la rama de la ciencia médica responsable del estudio interdisciplinar del sistema nervioso". RUIZ MARTÍNEZ-CAÑAVATE, M., "Neurociencia, derecho y derechos humanos", *Revista de Derecho de la UNED*, 17, 2015, p. 1253. El autor refiere que los hallazgos que se han encontrado en las neurociencias afectan a la imputabilidad ya que "el juicio de imputabilidad neurológicamente implica conexiones entre nivel de funcionamiento sub-personal (cerebral) y personal (realización de la conducta humana)" (p. 1264).

4 Sobre la relación de las neurociencias y la culpabilidad véase DEMETRIO CRESPO en: "Libertad de voluntad, investigación sobre el cerebro y responsabilidad penal: Aproximación a los fundamentos del moderno debate sobre Neurociencias y Derecho penal", *Indret: Revista para el Análisis del Derecho*, 2, 2011, disponible en <https://indret.com/wp-content/themes/indret/pdf/807.pdf> [Consulta: 17/07/2025]. y "«Compatibilismo humanista»: Una propuesta de conciliación entre Neurociencias y Derecho Penal Neurociencias y derecho penal", en *Nuevas perspectivas en el ámbito de la culpabilidad y tratamiento jurídico-penal de la peligrosidad*, Euros Editores S.R.L., Buenos Aires, 2020, pp. 17-42.

5 De forma crítica lo señala CASAS AZNAR, F., *Infancia: perspectivas psicosociales*, Paidos, Barcelona, 1998, p. 38; al referirse a la respuesta al menor en los sistemas penales. El mismo autor, en "Imputabilidad y responsabilidad: los niños como actores, desde la mirada de los adultos", *Anuario de Psicología Jurídica*, 3, 1993, p. 59, señala que la edad es un indicador muy relativo, poco discriminante, poco fiable, por lo cual se debe analizar junto con otros indicadores que pueden ser igual o más relevantes en la materia.

buscando reconocer de la mejor manera posible sus especificidades, estableciendo cuándo hacerle responsable.

En este trabajo, nos centraremos en cuándo exigir la responsabilidad penal juvenil. Para analizar estas cuestiones nos centraremos en el estudio de la madurez del menor, ya que finalmente está en el trasfondo de un tema como la capacidad de responsabilidad penal como victimario[6]. En efecto, cuando se considera que existe una edad a partir de la cual una persona menor de edad puede ser responsable penalmente, el legislador asume una presunción de madurez[7]. En cierta manera, el reco-

---

6 Lo que CASAS AZNAR, refiere como: "La evaluación de la capacidad de responsabilidad (llámese maduración, desarrollo psicológico, desarrollo moral, etc...)". *Vid.* "Imputabilidad y responsabilidad...", *ibidem,* p. 67. El mismo autor en "Representaciones sociales que influyen en las políticas sociales de infancia y adolescencia en Europa", *SIPS, Revista Interuniversitaria de Pedagogía social,* 17, 2010, p. 18, señala que: "en las culturas más complejas, ya en la antigüedad, para ser considerado adulto, lo importante era la «madurez» concepto expresado en multitud de otros términos cotidianos (conciencia, discernimiento, uso de razón, capacidad de raciocinio) o jurídicos (imputabilidad, responsabilidad)". En la misma línea VÁZQUEZ GONZÁLEZ, C., " El grado de madurez en los menores de edad. Dificultades en su valoración y apreciación", LA LEY Derecho de familia, Nº 36, Sección A Fondo, Cuarto trimestre de 2022, p. 7, señala: " Para que a una persona se le reconozca capacidad de culpabilidad, es preciso reconocerle un grado suficiente de madurez, es decir, de desarrollo de su inteligencia (conocimiento de los hechos y valoración de su significado) y de su voluntad como dominio independiente de la propia conducta (ya sea, entendido como libertad, autodeterminación o autonomía), presupuestos que se consideran *hic et nunc* indispensables para poder atribuir responsabilidad".

7 Somos conscientes de que la edad mínima o máxima de responsabilidad ante un sistema juvenil es un punto de especial discusión en diversos aspectos. En este sentido resulta particularmente interesante el artículo de CANO PAÑOS, M. A., "La desaparición de la delincuencia infantil en España, la consiguiente ausencia de debate y, de nuevo, un espejo en el que mirarse: Alemania", *Revista Penal,*

nocimiento de su responsabilidad, que en el contexto español implica asumir una *imputabilidad sui generis* de un menor, parte de la presunción política de su madurez.

Para desarrollar este planteamiento, partiremos de la concepción de la madurez del menor desde una perspectiva poliédrica o integral[8]. En efecto, a medida que una persona menor de edad crece va teniendo cambios a nivel físico y esta evolución de sus capacidades biológicas va reflejándose no sólo en una madurez reproductiva o cognitiva, sino en cómo la sociedad le reconoce o no, como actor dentro de la misma, de ahí que analizaremos argumentos dados desde la sociología respecto al adolescente. Luego pasaremos al análisis de la madurez desde la psicología, para entender cómo la propia evolución de sus capacidades psicológicas hace que concibamos que sea un sujeto con especificidades fundamentales desde el punto de vista cognitivo y socioemocional que van marcando su capacidad para tomar decisiones. Una vez sentados estos presupuestos, pasáremos al análisis del Derecho,

---

55, 2025, p. 81, para quién independientemente de la posición que se tome en torno a la reducción de la edad para exigir responsabilidad penal juvenil, es fundamental hacer un análisis empírico de los datos sobre la delincuencia, tanto de menores por debajo de la edad mínima de responsabilidad como por encima de ella. Si bien lo anterior es relevante, ya que las políticas preventivas sólo pueden realizarse partiendo del conocimiento de dicha realidad, en nuestra opinión el punto de partida deben ser las propias particularidades cognitivas y de desarrollo neurológico del menor.

8 En este sentido WENGER AMENGUAL, L. S., *Comportamiento antisocial, personalidad y madurez en adolescentes y jóvenes*, tesis doctoral, Facultad de Psicología, Universidad de Barcelona, Barcelona, 2018, p. 42, señala que "al implicar un espacio de transición y reconocimiento progresivo por parte de la sociedad de las capacidades que los adolescentes desarrollan hasta alcanzar el completo ejercicio de los roles requeridos para a vida adulta, mezclándose aquí la conquista de capacidades biológicas, psicológicas y sociales, así como el reconocimiento de estas a nivel jurídico".

a partir del Derecho Civil, en forma sucinta, y el Derecho Penal, para visualizar cómo se responde y analiza al menor maduro, en dos áreas que deberían representar el Derecho como unidad[9], dos ámbitos que si bien abarcan diferentes campos de la persona menor de edad, deben tener cierta coherencia respecto a ella.

Nuestra pretensión es que al llegar a la perspectiva penal, podamos determinar la relación de la visión sobre la madurez desde la Sociología, la Psicología y del Derecho Civil, con un aspecto fundamental de la responsabilidad penal del menor, esto es en el cuándo de la respuesta ante un sistema penal específico, atendiendo a las edades mínimas y máximas de responsabilidad penal.

---

9 SILVA MELERO, V., "Relaciones entre el Derecho Civil y el Derecho Penal", *Anuario de derecho penal y ciencias penales*, Tomo I, 1948, p. 246.

¿Quién es un menor maduro?

I. PERSPECTIVA SOCIOLÓGICA

La perspectiva sociológica de la madurez en la persona menor de edad, tiene vinculación con el propio concepto de la infancia, que es entendida no como un fenómeno natural relacionado con el desarrollo evolutivo o una fase transitoria de la vida, sino como parte de una categoría construida socialmente, ligada a un estatus específico, dentro de una estructura social determinada[10].

En este sentido de forma muy clarificadora, el profesor CASAS AZNAR señala que la infancia es una palabra con una rica y particular historia conceptual. Deriva del latín *in-fale*, esto es el que no habla o no se expresa públicamente[11]. En línea con su origen etimológico[12], con el tiempo se le relacionó con los sujetos que no

---

10 RODRÍGUEZ PASCUAL, I., "¿Sociología de la infancia? Aproximaciones a un campo de estudio difuso", *Revista internacional de sociología, 58*, 26, 2000, p. 101. En efecto, es una construcción social dada que existe flexibilidad dentro de cada sociedad para señalar las diversas fronteras de la infancia. RODRÍGUEZ PASCUAL, I. e MORALES MARENTE, E., "¿Cuántas veces dejamos de ser niños? Un análisis de la representación social de la autonomía infantil", *REIS, Revista Española de Investigaciones Sociológicas*, 143, 2013, p. 75.

11 Relacionado con el origen etimológico de la palabra, se plantea la limitación de los derechos respecto a la persona menor de edad, véase CABEZAS HERNÁNDEZ, M., *La infancia invisible. Cuestiones ético-políticas sobre los niños*, Tecnos, Madrid, 2022, p. 16.

12 Por esto CASAS AZNAR, F., "Imputabilidad y responsabilidad...", *op. cit.*, p. 65, plantea que se debe superar la raíz etimológica de la palabra infancia, para otorgarles un reconocimiento de derechos.

tienen palabra, aquel colectivo al que no es interesante escucharle, porque aunque hablen, no razonan bien[13]. Es así como se discutió ¿hasta cuándo no escucharlos?, o dicho de otro modo, ¿desde qué edad los niños pueden expresarse de forma razonable? Partiendo de estas inquietudes a lo largo de historia surgieron conceptos como "uso de razón, discernimiento, competencia, madurez"[14], imputabilidad, etc., que tenían en común determinar un *antes* y un *después*. El *antes* la infancia, el *después* el mundo adulto. Dichos conceptos son elementos psicosociales relacionados con la visión que tiene la sociedad en las representaciones o atribuciones de la infancia, no en vano el autor señala que infancia es lo que en un momento histórico determinado, cada sociedad considera[15].

En la sociedad contemporánea se subdividió la *infancia* y se construyó el concepto de *adolescente* que viene de *adolescere,* esto es a los que les falta algo, en este caso para ser adulto[16], estos últimos son los "ya sí", los competentes. Los adolescentes, en esta nueva subdivisión también se clasificaron dentro del grupo de los "aún no". En general se ha representado socialmente la infancia como los "aún no", en contraposición con los adultos que se enmarcan en los "ya sí". Los "aún no", no son capaces, no son competentes[17]. Según las propias palabras del autor:

> La percepción mayoritaria de la infancia como categoría social claramente distinta integra, de alguna manera, una imagen descalificadora de la misma como grupo social, a pesar de que se asuma y verbalice que también tiene aspectos positivos, incluso idílicos. Esta visión conlleva que en escasas ocasiones se represente la infancia como algo valioso en sí mismo, incluso en el futuro social colectivo (nuestro futuro). A lo sumo, se la

---

13 CASAS AZNAR, F., "Infancia y representaciones sociales", *Política y Sociedad, 43,* 1, 2006, p. 30.

14 CASAS AZNAR, F., *Infancia: perspectivas psicosociales, op. cit.*, p. 25.

15 CASAS AZNAR, F., "Infancia y representaciones sociales", *op. cit.*, p. 29.

16 *Ibidem*, p. 30.

17 CASAS AZNAR, F., *Infancia: perspectivas psicosociales, op. cit.*, p. 33.

> valora socialmente por lo que será o llegará a ser, no por lo que es; de forma que algunos autores hablan de que se la concibe como una moratoria social en cuanto a su reconocimiento [18].

Se piensa respecto a las personas menores de edad como aquellos sujetos que se encuentran en una especie de moratoria social, como aquellos que son el futuro para la sociedad, pero a los que nos cuesta verlos en el presente como ciudadanos[19] o de una forma más elemental como seres humanos completos con derechos humanos universales[20]. De esta forma, se ve a la infancia y a los adolescentes como seres en proceso de serlo y no como verdaderos actores sociales[21]. A lo largo de los siglos se ha configurado una cultura adulta con estrategias respecto a la infancia y adolescencia en torno a las ideas de su incapacidad, inestabilidad[22] y la necesi-

---

18 *Ibidem*, p. 34. En la misma línea lo refiere CABEZAS HERNÁNDEZ, M., *op. cit.*, pp. 21 y ss. Es así como su realidad no se visibiliza *per se.*

19 CASAS AZNAR, F., "Infancia y representaciones sociales", pp. 40-41. En esta medida el autor llamaba la atención respecto a la necesidad de escuchar a los menores y representar a la infancia y la adolescencia de otras maneras.

20 CASAS AZNAR, F., "Los derechos de los niñas y las relaciones intergeneracionales", *Educación Social: revista de intervención socioeducativa*, 38, 2008, p. 24.

21 SÜNKER, H. y MORAN-ELLIS, J., "Nuevos estudios de la infancia, política de infancia y derechos de los niños y niñas", *Sociedad e infancias*, 2, 2018, p. 175. De hecho lo anterior genera una vulnerabilidad social, por la forma cómo se configura social y culturalmente el concepto de la infancia, lo cual conlleva un sesgo de edad, al respecto véase: CABEZAS HERNÁNDEZ, M., *op. cit.*, pp. 135 y ss.

22 CASAS AZNAR, F., "Infancia y representaciones sociales", *op. cit.*, p. 39. Incluso se utiliza el término *infantil* como una ofensa, cuando hacemos alusión a comportamientos indeseables de adultos: "la senadora se comportó de un modo infantil". Así lo refiere PAVEZ SOTO, I. e SEPULVEDA KATTAN, N., "Concepto de agencia en los estudios de la infancia. Una revisión teórica", *Sociedad e infancias*, 3, 2019, p. 195.

dad de organización, control[23] y sobreprotección[24]. Todo ello en un esquema basado en una cultura paternalista, mal entendida, que parte de la "sustitución del adulto por el niño"[25].

Frente a esta visión, se ha comenzado a generar un cambio, dando prioridad a conceptos como la participación que ante todo parte de la auto-representación de la persona menor de edad[26] y la lucha contra la discriminación por razón de la minoridad de edad[27], en el marco del reconocimiento de una ciudadanía del menor. En esta no tan nueva orientación, ya que BARATTA en su momento la reivindicó[28], se plantea la necesidad de reco-

---

23 CASAS AZNAR, F., "Imputabilidad y responsabilidad…", *op. cit.*, p. 92.

24 RODRÍGUEZ PASCUAL, I., "¿Sociología de la infancia?...", *op. cit.*, p. 101.

25 SÜNKER, H. y MORAN-ELLIS, J., "Nuevos estudios de la infancia…", *op. cit.*, p. 183.

26 *Idem.* En la misma línea CASAS AZNAR, F., "Representaciones sociales que influyen…", cit., p. 26, reivindicando la necesidad de escuchar a los menores para la toma de decisiones políticas. Se pregunta si realmente se da cumplimiento a los deberes que tenemos con la infancia. En otro lugar, el autor señala que respecto a la infancia hay un alto consenso en los derechos que tienen pero presumiéndoles una baja intensidad. CASAS AZNAR, F., "Los derechos de los niñas y las relaciones intergeneracionales", *op. cit.*, p. 18. En línea con este discurso limitador CABEZAS HERNÁNDEZ, M., *op. cit.*, pp. 62 y 63, señala que respecto a la infancia se da una injusticia epistémica o sesgos de edad, dado que ante las vulneraciones de derechos a personas menores de edad, no se les reconoce el daño, pues se les niega su capacidad de saber.

27 CASAS AZNAR, F., "Infancia y representaciones sociales", *op. cit.*, p. 39. De hecho CABEZAS HERNÁNDEZ, M., *op. cit.*, pp. 25 y 28, indica el olvido que se ha dado desde la propia filosofía : "es llamativo cómo la filosofía ha comenzado a cuestionarse el valor inherente de cualquier forma de vida, animal o vegetativa, el valor inherente de la naturaleza y los ecosistemas (...) incluso antes de desarrollar discursos específicos sobre la infancia". Es así como irrupción de la filosofía de la infancia solo empezó en los primeros años del siglo XXI.

28 BARATTA, A., "Infancia y democracia", *Infancia, ley y democracia en América Latina*, Temis, Depalma, Bogotá, 1999, pp. 31-57. El autor

nocer su participación, de que no se le considere incapaz y de que dentro de una autonomía progresiva pueda alzar su voz. Este reconocimiento implica valorarle como un ciudadano, no a medias ni en construcción, no dentro de las categoría de los "aún no", sino como un ciudadano social en su propia individualidad, en la que la valoración de su madurez debe partir de una construcción social coherente que impida que se den situaciones como que se le reconozca como sujeto maduro y responsable en el ámbito penal a partir de los 14 años, pero no en aspectos como su consentimiento libre en materia sexual antes de los 16 años[29]; o que dentro de un escenario de su desarrollo sexual

---

hace un análisis de la evolución del concepto de ciudadanía y su vinculación con el concepto del menor como sujeto de derechos, a partir del cual plantea una nueva noción: la "ciudadanía del niño".

29 En efecto, se puede dar la paradoja de un caso en el que un sujeto de 13 años y medio realice tocamientos sexuales con otro de 14 años de forma mutuamente consentida, se considere que el segundo puede tener capacidad de responsabilidad penal pero no capacidad de consentimiento sexual. Sin perjuicio de tomar en cuenta que en este ejemplo en España, entraría en aplicación el art. 183 bis del Código Penal (en adelante CP **[TOL223.185]**) que establece "Salvo en los casos en que concurra alguna de las circunstancias previstas en el apartado segundo del art. 178, el libre consentimiento del menor de dieciséis años excluirá la responsabilidad penal por los delitos previstos en este capítulo cuando el autor sea una persona próxima al menor por edad y grado de desarrollo o madurez física y psicológica". Al respecto, GREEN, S.,"La criminalización del sexo. Una teoría liberal unificada", Marcial Pons, Barcelona, 2024, pp. 217-218, cuestiona que se señale que a los niños mayores se les considere cognitivamente incapaces de consentir relaciones sexuales. De hecho la regulación, refuta lo anterior, porque presume su incapacidad cuando un menor mantiene relaciones con un adulto, pero no cuando la tiene con otro menor. Según explica " Bajo las llamadas disposiciones Romeo y Julieta, las relaciones sexuales mantenidas entre adolescentes han sido esencialmente despenalizadas. En segundo lugar, la ley efectúa una importante distinción entre casos en los cuales se presume la falta de consentimiento de un niño (como el abuso de menores) y

en el que se considere que pese a que tiene 16 años si remite una imagen de contenido sexual a otra persona menor de edad pueda estar incurso en un *status offence* al ser dicha conducta constitutiva de generación de un contenido pornográfico[30].

En este sentido RODRÍGUEZ PASCUAL y MORALES MARENTE realizan un interesante trabajo publicado en 2013, para conocer cómo la opinión pública española representa la autonomía infantil y a la propia infancia como categoría social. Los autores refieren cómo a partir de un estudio realizado por el CIS en el año 2012 sobre *Actitudes y opiniones sobre la infancia*[31], se concluye que se da una representación fragmentada respecto a los menores. Por una parte, se les considera inmaduros y con falta de preparación para la vida adulta, en casos como las relaciones sexuales, ejercer el voto o salir por la noche. Por otro lado, se reconoce la madurez del menor en áreas de la vida social como consumir, trabajar, tener responsabilidad penal o participar en tareas domésticas. Una explicación de los autores es que: "desde

---

casos en los que efectivamente falta (como violación forzada de un menor de edad), que es tratada como el delito más grave".

30 Como de hecho en algunos países ha sucedido. Al respecto AGUSTINA, J. R., "¿Debe perseguirse penalmente la pornografía producida por y entre menores?", en *La pornografía. Sus efectos sociales y criminógenos. Una aproximación multidisciplinar*, Edisofer, Buenos Aires, 2011, pp. 87-149 y DÍAZ CORTÉS, L. M., "El debate sobre la penalización o no del «*sexting* primario» entre menores: el contexto de respuesta, su incoherencia y el desconocimiento de límites", *Revista de Derecho Penal y Criminología*, 18, 2017, pp. 39-90.

31 RODRÍGUEZ PASCUAL, I. e MORALES MARENTE, E., *op. cit.*, pp. 77-78, señala la metodología utilizada: "recurrimos a la explotación secundaria de la matriz de datos producidos por el estudio 2621 del Centro de Investigaciones Sociológicas". Dicho estudio se realizó en convenio con la oficina del Defensor del Menor de la Comunidad de Madrid y "constituye el último realizado para el conjunto de la sociedad española de tal magnitud, ya que incluye más de 3000 casos y varias submuestras regionales procedentes de una encuesta realizada en domicilios".

la visión adultocéntrica, crecemos siendo antes individuos responsabilizados y subsumidos bajo diferentes ámbitos de autoridad (familiar-institucional) que sujetos que lleguen a alcanzar una existencia autodeterminada, expresada como posibilidad de participación libre y no tutelada por nuestros referentes adultos"[32].

No hemos hallado estudios más recientes al respecto[33], no obstante, creemos que lo señalado por los autores marca la explicación desde la perspectiva sociológica de la incoherencia a la que aludimos en las consideraciones preliminares. La construcción social que se ha hecho de la infancia, parte de considerar a las personas menores de edad ante todo como sujetos maduros en un entorno marcado por temas como la responsabilidad penal. Sólo después de esto nos planteamos el reconocimiento a cierta autodeterminación en ámbitos propios de su desarrollo, como por ejemplo en el ámbito sexual. Es decir, dentro de esta visión adultocéntrica, les consideramos maduros – responsables, imputables-, les exigimos deberes antes que reconocerles espacios de autodeterminación vinculados con el ejercicio de sus derechos. La limitación en ámbitos sexuales frente a sus iguales, es definida como una visión adultocéntrica, en donde los adultos son "poseedores de una madurez y legitimidad para establecer normatividades y valoraciones de los cuerpos sociales definiendo lo per-

---

32 *Ibidem*, p. 91. En sentido similar en la publicación del mismo año: AIZPURÚA GONZÁLEZ, E. y FERNÁNDEZ MOLINA, E., "¿Cuándo es demasiado tarde? Determinación de la edad de responsabilidad penal de los menores", *Boletín Criminológico*, 19, 2013. Disponible en <https://revistas.uma.es/index.php/boletin-criminologico/article/view/7977> [Consulta: 16/07/2025].

33 Así lo refiere: CARRASCO HIERRO, E. y RODRÍGUEZ PASCUAL, I., "La discriminación por razón de edad desde el enfoque de los derechos humanos del niño: ¿una asignatura pendiente en la formación para el Trabajo Social?", *Trabajo Social Global–Global Social Work, 10,* 18, 2020, p. 192. <https://dx.doi.org/10.30827/tsg-gsw.v10i18.11417>.

mitido y lo prohibido"[34]. Los "ya sí", son los encargados de definir lo que pueden hacer o no hacer los "aún- no", en otras palabras "se le otorga a la adultez los permisos (...) para experimentar de manera independiente, mientras que la niñez, juventud (...) se le gestiona desde la subordinación y castración de sus deseos"[35].

Pese a que se ha buscado una superación de las limitaciones en torno a las personas menores de edad como sujetos de derecho, seguimos considerándoles como "ya sí" cuando les exigimos responsabilidades y "aún no" cuando se trata de ejercer derechos. Es un desdoblamiento o fragmentación que se hace respecto a la figura del menor, en el que la valoración de la madurez, su responsabilidad y su capacidad, está vinculada con la construcción social[36] que se establece en los diferentes ámbitos en los se desenvuelve.

II. PERSPECTIVA PSICOLÓGICA

1. Las dificultades

Cuando desde la Psicología se maneja el tema de la madurez, se parte de la complejidad del concepto, en el que se involucran procesos como la templanza, esto es, la adecuada valoración entre los riesgos y las recompensas; la perspectiva, esto es, la capacidad para valorar las decisiones desde diferentes puntos de

---

34 DUARTE QUAPPER, C., *El adultocentrismo como paradigma y sistema de dominio. Análisis de la reproducción de imaginarios en la investigación social chilena sobre lo juvenil,* Tesis doctoral, Universidad Autónoma de Barcelona, Barcelona, 2015, p. 420. Disponible en <https://www.tdx.cat/bitstream/handle/10803/377434/cdq1de1.pdf?sequence=1> [Consulta: 10/03/2023].

35 *Idem.*

36 En este sentido lo señala PINEDA NEBOT, C., "La participación de los niños en las ciudades. Ciudades amigas de la infancia", *Revista de Ciencias Humanas, 17,* 1, 2017, p. 202.

vista, incluyendo las consecuencias a largo plazo y la responsabilidad entendida como la capacidad de control sobre la propia conducta resistiendo a la presión de los iguales[37].

Reconociendo dicha complejidad respecto a las personas menores de edad, nos referiremos a la madurez como aquella *capacidad de toma de decisiones*[38], dentro de todo un entramado variado que

---

37 RODRIGO APIO, J. J., "Evaluación psicológica de la madurez psicosocial en adolescentes", *Psicopatología Clínica, Legal y Forense,* 17, 2017, p. 16, refiere las anteriores características a partir del desarrollo de STEINBER y CAUFFMAN.

38 ANDRÉS PUEYO define la madurez psicosocial como un constructo multidimensional complejo que consiste en "la toma de decisiones y ejecución de conductas psicosociales", en las que influyen la inteligencia, la impulsividad y búsqueda de sensaciones, la independencia y autonomía personal y la responsabilidad, entendida como la consideración del futuro. *Vid.* "La renovación del concepto de madurez en la Psicología: un avance de vez en cuando", *Blog ROBERTO COLOM* (Profesor de psicología, Universidad Autónoma de Madrid). Disponible en <https://robertocolom.wordpress.com/2016/12/12/la-renovacion-del-concepto-de-madurez-en-la-psicologia-un-avance-de-vez-en-cuando-por-antonio-andres-pueyo/#more-5227> [Consulta: 10/03/2023]. En la misma línea de la complejidad MORALES VIVES, F., "La relevancia de la madurez psicológica en el ámbito psicopedagógico", *Padres y Maestros,* 359, 2014, pp. 30-34, <https://doi.org/10.14422/pym.i359.y2014.007>, incluye en el concepto de madurez desde un criterio psicológico la orientación al trabajo, la autonomía y la identidad. Así también la autora lo reitera en un artículo junto a otros autores, para efectos del estudio realizado: MORALES VIVES, F.; CAMPS, E.; LORENZO SEVA, U. & VIGIL COLET, A., "The role of psychological maturity in direct and indirect aggressiveness in spanish adolescents", *The Spanish Journal of Psychology,* 17, 2014, p. 2, <https://doi.org/10.1017/sjp.2014.18>. Por su parte, MARTIN BADIA, J., "La valoración de la madurez en adolescentes. Requisitos, indicadores y condicionantes", *DILEMATA Revista Internacional de Éticas aplicadas,* 35, 2021, pp. 41 y 42, señala que se debe diferenciar la madurez, de la autonomía y competencia. Así el proceso de adquisición de la autonomía pasara por tres etapas: la reflexión sobre los

abarca cuestiones como el análisis de cómo estas valoran los riesgos y la recompensas, si se pueden representar las consecuencias a largo plazo y qué papel juegan aspectos tan fundamentales en la vida de un adolescente como es su relación con los iguales[39].

Para adentrarnos en tan difícil campo, nos guiará el trabajo de OLIVA DELGADO[40], quien en un ameno y claro artículo publicado en 2019, analiza dicha capacidad a partir de estudios de la psicología, sobre el desarrollo cognitivo y socioemocional, y de las neurociencias. Con acierto indica que los resultados de dichos estudios necesariamente deben ser atendidos por el Derecho en su relación con los menores, para aspectos como el reconocimiento de derechos o el grado de responsabilidad cuando cometen delitos[41].

¿Y qué señalan dichos estudios? ¿Se puede plantear una edad a partir de la cual se considera que las personas menores de edad y concretamente los adolescentes tienen esa capacidad de decisión? Tratando de dar respuestas, el autor refiere que si bien desde diferentes instancias internacionales se recomienda la necesidad de empoderar a la infancia dándole participación

---

propios principios y valores entendida como madurez, la coherencia entre la reflexión y la acción, esto es la competencia y la extrapolación de dicha reflexión a los diferentes ámbitos de la vida, forjándose la propia identidad lo cual implica autonomía. En este sentido me parece más claro plantear el tema de la madurez en su complejidad que finalmente está relacionado con la toma de decisiones.

39 Sobre la complejidad del tema de la madurez MARTIN BADIA, J., *op. cit.*, pp. 31 y ss., explica como la valoración de la madurez tiene diversas dificultades. Por mencionar dos, una conceptual, dado que la madurez se relaciona con competencia, capacidad y autonomía; por otra, la metodológica para determinar qué indicadores se utilizarán para valorarla.

40 OLIVA DELGADO, A., "El desarrollo psicológico de la capacidad para tomar decisiones", en *El menor maduro: cinco aproximaciones a un perfil poliédrico,* Centro Reina Sofía sobre la Adolescencia y Juventud, Madrid, 2019, pp. 31 y ss.

41 *Ibidem,* p. 33.

en cuestiones comunitarias[42] y el reconocimiento de su autonomía progresiva, un aspecto fundamental a debate dentro de la psicología es la determinación de la edad en la cual el adolescente tiene la capacidad de tomar decisiones[43]. Lo anterior no es una tarea sencilla. Según las propias palabras del citado autor:

Por una parte, hay que tener en cuenta que existen importantes diferencias entre sujetos de la misma edad pero con diferentes niveles de madurez cognitiva. Por otra parte, menores que pueden haber mostrado la suficiente madurez para tomar una buena decisión en una determinada situación, pueden carecer de la misma en otras situaciones que requieren de una mayor experiencia vital [44].

---

[42] Pensemos en las estrategias de prevención en materia delitos, *las Directrices de las Naciones Unidas para la prevención de la delincuencia juvenil (Directrices de Riad), adoptadas y proclamadas por la Asamblea General en su resolución 45/112, de 14 de diciembre de 1990,* proponen la necesidad de crear servicios y programas de carácter comunitario "que respondan a las necesidades, problemas, intereses e inquietudes especiales de los jóvenes y ofrezcan, a ellos y a sus familias, asesoramiento y orientación adecuados" (párrafo 32). Por su parte la *Declaración de Doha sobre la integración de la prevención del delito y la justicia penal en el marco más amplio del programa de las naciones unidas para abordar los problemas sociales y económicos y promover el estado de derecho a nivel nacional e internacional y la participación pública, de abril de 2015,* en su punto 7, señala "Destacamos también a ese respecto el papel fundamental de la participación de los jóvenes en las iniciativas de prevención del delito". DÍAZ CORTÉS, L. M., "Fuentes de las estrategias de prevención de la delincuencia juvenil en el marco de las Naciones Unidas", *Menores y justicia juvenil,* Thomson Reuters Aranzadi, Navarra, 2021, pp. 90 y 94.

[43] Dichas dificultades también las refiere HALPERN FELSHER, B. & CAUFFMAN, E., "Costs and benefits of a decision. Decision-making competence in adolescents and adults", *Journal of Applied Developmental Psychology, 22,* 3, 2001, p. 271, <https://doi.org/10.1016/S0193-3973(01)00083-1>.

[44] OLIVA DELGADO, A., "El desarrollo psicológico...", *op. cit.,* p. 33. En referencia a esto último el autor cita a GROOTENS WIEGERS, P. et al. 2017 [GROOTENS WIEGERS, P.; HEIN, I. M.; VAN DEN BROEK, J. M. & DE VRIES, M. C., "Medical decision-making in children and

Así las cosas, se reconoce no sólo que cada individuo es un mundo, sino que un sujeto puede, en principio tener una capacidad para tomar una determinada decisión razonable o madura, pero en una específica situación puede decidir de una forma no competente[45].

Reconociendo dicha dificultad, el autor analiza tres aspectos que influyen en la capacidad de tomar decisiones en los adolescentes, esto es: el conocimiento, los factores cognitivos y los socioemocionales. Veamos dichos puntos brevemente.

2. ¿Qué interviene en la toma de decisiones de un adolescente?

2.1. *El conocimiento*

Para analizar qué elementos intervienen en el proceso de toma de decisiones se tiene en cuenta en primer lugar lo relacionado con el *conocimiento y experiencia,* en el sentido de la teoría de la representación borrosa (Fuzzy-trace Theory), según la cual, los adolescentes aún tienen un diferente grado en el procesamiento cognitivo con relación a los adultos dado el diverso nivel de experiencia y conocimientos adquiridos. Básicamente, según esta teoría, existen dos formas cualitativamente diversas de cómo se procesa y codifica la información. Se puede tener un conocimiento limitado, en el que se adquiere un conocimiento *literal,* carente de significado u otro en el que se tome un conocimiento semántico y profundo de la información, esto es, un conocimiento *esencial.* Mientras que el primero, básicamente da información literal (como recitar una norma de tráfico), en el segundo se puede

---

adolescents: developmental and neuroscientific aspects", *BMC Pediatrics,* 17, 120, 2017, <https://doi.org/10.1186/s12887-017-0869-x>].

45 GROOTENS WIEGERS, P. et al., *ibídem,* p. 2, señalan como se puede afectar dicha competencia en casos como la presión de sus compañeros o una situación estresante.

analizar las implicaciones de determinadas situaciones (conocer la implicaciones que llevaría saltarse esa norma de tráfico).

Según esta concepción, un adolescente está ubicado en un conocimiento *limitado*, por lo cual puede conocer determinadas probabilidades matemáticas sobre riesgos y recompensas que se producen con determinada situación, pero al no tener el conocimiento *esencial* se desconoce el significado de dicho riesgos y la implicación en su futuro. En otras palabras algunos adolescentes conocen el "precio de todo, pero el valor de nada"[46]. Ahora bien, existen situaciones excepcionales en las que ese conocimiento limitado podría compensarse dándole información al adolescente sobre los riesgos probables y las repercusiones para su vida. Según refieren WILHEMS y REYNA, lo anterior tendría eficacia cuando se está frente a toma de decisiones en las que la recompensa, desde la perspectiva adolescente, de una decisión con riesgo, es baja[47]. Por ejemplo en el acto de votar por un determinado partido, los adolescentes pueden tener una capacidad de razonamiento similar al adulto[48].

El conocimiento puede ser un criterio a tomar en cuenta para una decisión madura, pero que resulta insuficiente atendiendo factores cognitivos y socioemocionales[49]. Los factores cognitivos tienen que ver con el segundo punto de análisis, esto es,

---

46 En este sentido, WILHELMS, E. A. y REYNA, V. F., "Fuzzy trace theory and medical decisions by minors: differences in reasoning between adolescents and adults", *Journal of Medicine and Philosophy, 38*, 3, 2013, p. 279, <https://doi.org/10.1093/jmp/jht018>, citan la expression usada por HANS y REYNA, 2011, respecto a la teoría de Representación Borrosa [HANS, V. P. y REYNA, V. F., "To Dollars from Sense: Qualitative to Quantitative Translation in Jury Damage Awards", *Cornell Law Faculty Publications,* 638, 2011, p. 128].

47 WILHELMS, E. A. y REYNA, V. F., *ibidem,* p. 279.

48 OLIVA DELGADO, A., "El desarrollo psicológico...", *op. cit.*, p. 38 y WILHELMS, E. A. y REYNA, V. F., *idem.*

49 OLIVA DELGADO, A., *idem.*

el estudio de la "competencia cognitiva para tomar decisiones racionales" y los socioemocionales (nuestro tercer punto) con estudios de las neurociencias sobre la regulación de las emociones. Veamos estos dos factores.

2.2. Los factores cognitivos

El periodo adolescente es fundamental dado que durante este se dan cambios en el desarrollo intelectual, vinculados con habilidades cognitivas, las cuales tienen que ver con la toma de decisiones. Dentro de dichas habilidades se menciona: la capacidad de concentración en una tarea, la de analizar varias alternativas reconociendo las consecuencias de cada una de ellas, la de establecer hipótesis sobre probables riesgos o el razonamiento inductivo o deductivo[50]. Todas estas habilidades entran dentro del proceso cognitivo complejo que se requiere para la toma de decisiones, en los que se da:

> [...] la búsqueda y el procesamiento de información para comprender cuáles son las opciones disponibles, así como los riesgos y beneficios asociados a cada una de ellas, la evaluación de la probabilidad de cada consecuencia posible y la deseabilidad de ellas, y la integración de toda esa información de cara a identificar la opción con mayor utilidad subjetiva[51].

Ahora bien, ¿en qué periodo adolescente se consideran desarrolladas dichas habilidades cognitivas? Para entenderlo, suele ser un referente necesario el enfoque cognitivo-evolutivo desa-

---

50 *Ibidem*, p. 39.

51 *Idem*, OLIVA DELGADO, citando a HALPERN FELSHE & CAUFFMAN 2001 [HALPERN FELSHER, B. & CAUFFMAN, E., "Costs and benefits of a decision...", *op. cit.*, p. 259]; quien a su vez refiere a BEYTH-MAROM et al., 1993 [BEYTH-MAROM, R.; AUSTIN, L.; FISCHHOFF, B.; PALMGREN, C. & JACOBS-QUADREL, M., "Perceived Consequences of Risky Behaviors: Adults and Adolescents", *Developmental Psychology, 29*, 3, 1993, pp. 549-550. <https://doi.org/10.1037/0012-1649.29.3.549>].

rrollado por PIAGET[52]. Si bien algunos señalan con razón que la alusión a dichos estudios puede ser obsoleta[53], sin duda los análisis de PIAGET han contribuido de forma esencial para comprender el desarrollo cognitivo del adolescente.

Para el autor, existen varias etapas dentro del desarrollo del niño que suponen una forma particular de estabilidad, y una evolución mental en busca de un "equilibrio" cada vez mejor[54]. Después de que el niño aprende a hablar, se dan tres estadios evolutivos de razonamiento: el intuitivo, el operatorio concreto y el operatorio formal[55]. Ciertamente respecto a su "desarrollo intelectivo", el autor señala que a partir de los once-doce[56] años se produce un cambio fundamental en el niño, pasándose del "pensamiento concreto"

---

52 VENTAS SASTRE, R., *Estudio de la minoría de edad desde una perspectiva penal, psicológica y criminológica*, Edersa, Madrid, 2002, pp. 51 y 57, señala que el estudio de la vida psíquica de la niñez y de la juventud se puede ubicar a principios del siglo XX. Destaca la teoría de PIAGET como una de las grandes teorías sobre el ciclo vital.

53 ANDRÉS PUEYO, A., "La renovación del concepto de madurez...", cit., indica que la madurez ha sido un concepto congelado en las aportaciones de autores como PIAGET, ERICKSON y KOLHBERG.

54 PIAGET, J. y INHELDER, B., *Psicología del niño*, Morata, Madrid, 1984, p. 11. El crecimiento mental está indisociablemente unido al crecimiento físico "especialmente de la maduración de los sistemas nerviosos y endocrinos que prosigue hasta alrededor de los 16 años". PIAGET, J., "El desarrollo mental del niño", en *Seis estudios de psicología*, Colección Labor, Barcelona, 1984, p. 14. Para VENTAS SASTRE, R., *op. cit.*, p. 55; el establecimiento de tales fases, no implica que se olvide el hecho de que cada menor constituye una realidad individual en sí misma, dependiendo el desarrollo de un proceso individual sujeto a predisposiciones biológicas únicas y experiencias específicas, lo que implica el análisis de la historia concreta en cada momento de desarrollo.

55 KOHLBERG, L., "Estadios Morales y Moralización: La vía cognitivo –evolutiva", *Psicología del desarrollo moral*, Desclée de Brouwer S. A, Bilbao, 1992, p. 186.

56 ETXEBARRIA, I., "El Desarrollo moral", en *Desarrollo afectivo y social*, Ediciones Pirámide, Madrid, 1999, p. 187, señala que para PIAGET

al llamado "formal" o "hipotético-deductivo"[57]. Hasta los 12 años se dan "operaciones concretas", es decir, que sólo se refieren a la realidad, especialmente a los objetos tangibles susceptibles de ser manipulados y "sometidos a experiencias efectivas"[58].

El paso a la adolescencia[59] marca para PIAGET, modificaciones cruciales del funcionamiento psicológico referidos al desarrollo cognitivo[60]. Aparecen cambios cualitativos en la estructura del pensamiento, los cuales el autor denominó como *operaciones formales,* y lo definió como su capacidad de pensar y alejarse de la realidad concreta e inmediata[61].

De esta manera se hacen extensivas al dominio de las ideas, principios y proposiciones abstractas, la lógica que el niño ya había desarrollado con el fin de dar razón a los hechos y aconteci-

---

las edades son meramente orientativas, tomando en cuenta las diferencias de unos niños a otros.

57 PIAGET, J., *op. cit.*, p. 84. VENTAS SASTRE, R., *op. cit.*, pp. 64-65, señala que hay algunos estudios recientes que han cuestionado la universalidad de los conceptos de PIAGET, "Algunos estudios sugieren que la capacidad cognitiva de razonamiento es una capacidad compleja, más que una capacidad profunda, que se desarrolla continuamente, más que en tránsitos abruptos de carácter fáctico, y que puede ser influida por el entrenamiento y la experiencia".

58 PIAGET, J., *op. cit.*, p. 85.

59 CARRETERO, M. y LÉON CASCON, J., "Desarrollo cognitivo y aprendizaje en la adolescencia", en *Desarrollo psicológico y educación: Psicología Evolutiva,* Alianza, Madrid, 1994, p. 317, <https://doi.org/10.1111/j.1532-7795.2010.00712.x>. Estos autores refieren que, en concepto de PIAGET e INHELDER, el pensamiento formal es un pensamiento universal, lo cual implica que este estadio aparece en todos los adolescentes a partir de los 11-12 años y se consolida entre los 14-15 años, al menos si los jóvenes han accedido a unos niveles normales de escolarización.

60 DÍAZ-AGUADO JALON, M. J., "El desarrollo moral", en *Psicología evolutiva,* Universidad Nacional de Educación a Distancia (UNED), Madrid, 1998, p. 146.

61 *Idem.*

mientos concretos y observables[62]. Con el "pensamiento formal", se da el paso de la manipulación concreta al de las meras ideas, expresadas en cualquier tipo de lenguaje, sin tomar en cuenta la percepción, la experiencia, ni siquiera la creencia. En este periodo el sujeto puede sacar proposiciones de las que considera simplemente hipótesis, es decir, consecuencias de verdades que pueden ser simplemente posibles, lo que supone el inicio de pensamiento "hipotético deductivo o formal"[63].En síntesis, mientras en la etapa de las *operaciones concretas* lo posible está subordinado a lo real, en la de *operaciones formales* el adolescente no sólo tiene en cuenta los datos reales presentes sino que además prevé todas las situaciones y relaciones causales posibles entre sus elementos. En pocas palabras, lo real está subordinado a lo posible[64], por lo cual el adolescente puede pensar en alternativas hipotéticas:

> [...] dejando de estar atado al aquí y ahora, por lo que podrá considerar distintas soluciones alternativas a una determinada situación, algo que resulta esencial cuando hay que tomar decisiones. Igualmente, el pensamiento formal permitirá al adolescente la suficiente flexibilidad de pensamiento para tener en cuenta de forma simultánea diversos aspectos de un problema o decisión, tales como los riesgos o beneficios derivados[65].

---

62 PALACIOS, J., "¿Qué es la adolescencia?", en *Desarrollo psicológico y educación: Psicología Evolutiva*, Alianza, Madrid, 1994, p. 307. CARRETERO, M. y LÉON CASCON, J., *op. cit.*, p. 312, señalan que para PIAGET, el nuevo estadio de las operaciones formales emerge entre los 11-12 años, y se consolida hacia los 14-15 años sobre la base de operaciones formales ya presentes.

63 PIAGET, J. e INHELDER, B., *op. cit.*, pp. 85 y 133.

64 CARRETERO, M. y LÉON CASCON, J., *op. cit.*, p. 314.

65 OLIVA DELGADO, A., "El desarrollo psicológico...", *op. cit.*, p. 40, citando a GRISSO y VIERLING, 1978 [GRISSO, T. y VIERLING, L., "Minors' consent to treatment: A developmental perspective", *Professional Psychology, 9*, 3, 1978, pp. 412–442].

Ahora bien, concretemos la edad en la que se inicia esta etapa. Según OLIVA DELGADO resulta optimista la pretensión de PIAGET de que el pensamiento formal comienza entre los 11 a 12 años y se consolida a los 14 a 15 años, presumiendo por ello que los adolescentes en dicha edad tienen una condición que les permite tomar decisiones de una forma semejante a los adultos. Lo que sí se puede tener claro es que por debajo de los 11-13 años las personas menores de edad no tienen el pensamiento formal y que dicho pensamiento puede incluso retrasarse hasta los 15-20 años y que en algunos otros puede no darse nunca un pleno dominio de este. OLIVA DELGADO, tratando de establecer una edad concreta señala que entre los 12 y los 18 años, se da un avance cognitivo importante que tiene repercusión en la capacidad para tomar decisiones. Según sus propias palabras "los adolescentes mayores son capaces de formular más opciones, prestar más atención a los resultados futuros posibles y a su probabilidad de ocurrencia y reflexionar detenidamente sobre ellos"[66]. Ahora bien, la eficacia de dichas competencias sólo tendrá sentido si se suma la experiencia, en las que se unirán otros factores socioemocionales como el estrés, la limitación del tiempo o la implicación emocional. Es por esto que se señala que a pesar de que los menores tengan competencias cognitivas, pueden tomar decisiones poco racionales que los conduzcan a realizar comportamientos arriesgados con consecuencias negativas para ellos o para otros[67].

Así pues el autor concluye que si bien en la adolescencia media, los sujetos tienen herramientas cognitivas similares a los adultos, lo cierto es que no hay certeza de que puedan tomar decisiones racionales, derivado de factores socioemocionales, lo cual nos lleva a nuestro tercer punto de análisis[68].

---

[66] OLIVA DELGADO, A., *ibidem*, p. 41.

[67] *Ibidem*, p. 45.

[68] *Ibidem*, p. 42.

2.3. Los factores socioemocionales

Entre 1990 y 2010 fueron fundamentales los estudios sobre la madurez adolescente[69] que cambiaron la perspectiva de los científicos sobre esta. Por una parte algunos investigadores[70] empezaron a cuestionar que los adolescentes pudieran tomar de decisiones sólo basados en factores cognitivos, dado que los valores tanto sociales como emocionales tenían influencia. Cuestiones como el control de impulsos, la susceptibilidad por la influencia social o la evaluación de riesgo y la recompensa podían hacer que un adolescente pese a su nivel de desarrollo cognitivo, tomara decisiones no competentes o inmaduras[71]. Las pocas diferencias que se daban entre adultos y adolescentes de cierta edad desde el punto de vista cognitivo, se alteraban de forma marcada ante situaciones como la excitación emocional y la influencia social[72]. Pero ¿y qué estaba detrás del control de

---

69 Concretamente, STEINBERG, L., "Does Recent Research on Adolescent Brain Development Inform the Mature Minor Doctrine?", *Journal of Medicine and Philosophy, 38*, 3, 2013, p. 258, <https://doi.org/10.1093/jmp/jht017>, señala que este giro se dió entre 1990 y 2010.

70 STEINBERG, *idem*, cita a SCOTT, REPPUCCI y WOOLARD, 1995 [SCOTT, E. S.; REPPUCCI, N. D. & WOOLARD, J. L., "Evaluating adolescent decision making in legal contexts", *Law and Human Behavior, 19*, 3, 1995, pp. 221–244, <https://doi.org/10.1007/BF01501658>] y STEINBERG & CAUFFMAN, 1996 [STEINBERG, L. y CAUFFMAN, E., "Maturity of judgment in adolescence: Psychosocial factors in adolescent decision making", *Law and Human Behavior, 20*, 3, 1996, pp. 249–272, <https://doi.org/10.1007/BF01499023>].

71 OLIVA DELGADO, A., "El desarrollo psicológico…", *op. cit.*, p. 45.

72 Para OLIVA DELGADO, A., *ibidem*, pp. 48-49, existe una gran influencia en adolescentes de sus iguales. El autor cita estudios en los que se muestra no solo como los adolescentes tienen una mayor sensibilidad a las recompensas sino también que si la recompensa es la aceptación social, esta es especialmente importante. Entre ellos, STEINBERG, L. & MONAHAN, K. C., "Age Differences in Resistance to Peer Influence", *Developmental psychology, 43*, 6, 2007, p. 1531, <ht-

impulsos, de la influencia social o de una inadecuada valoración del riesgo? ¿Cómo se pueden estudiar estos temas?

La respuesta está en las neurociencias. Las nuevas técnicas de neuroimagen[73], han permitido una mejor forma de entender los

---

tps://doi.org/10.1037/0012-1649.43.6.1531>, señalan que el papel importante de sus iguales es uno de los elementos fundamentales de funcionamiento psicosocial del adolescente. Sobre los mecanismos de influencia: BROWN, B. B. & LARSON, J., "Peer Relationships in Adolescence", en *Handbook of Adolescent Psychology*, 2009, pp. 75 y ss., <https://doi.org/10.1002/9780470479193.adlpsy002004>. En la misma línea STEINBERG, L., "Risk Taking in Adolescence: New Perspectives from Brain and Behavioral Science", *Current directions in psychological science : a journal of the American Psychological Society*, *16*, 2, 2007, p. 56, indica que la presencia de compañeros o bajo condiciones de excitación emocional la red socioemocional se activa lo suficiente para disminuir la eficacia de la red de control cognitivo. También refiere estudios al respecto WENGER AMENGUAL, L. S., *op. cit.*, pp. 45-46, esta autora cita además estudios en los que se señala que la capacidad para resistir las recompensas, la influencia de sus iguales, e incluso la autoregulación de su conducta sólo se alcanza hasta la adultez emergente. Respecto a esta adultez emergente, sería lo que algunos plantean desde el derecho penal como los semiadultos o jóvenes.

73 En este sentido BLAKEMORE y FRITH, señalan que: "Técnicas como las neuroimágenes cerebrales que miden la actividad del cerebro mientras los individuos realizan una tarea determinada, han elevado considerablemente nuestra comprensión de la mente y el cerebro humanos. Actualmente, los científicos cerebrales pueden brindarnos cierto conocimiento sobre cómo el cerebro aprende información nueva y la maneja a los largo de la vida". *Vid. Cómo aprende el cerebro. Las claves para la educación*, Ariel, Barcelona, 2016, p. 22. OLIVA DELGADO hace referencia a la importancia de estas técnicas, no obstante, relaciona que algunos las han cuestionado señalando que sus resultados no son más fiables que las medidas psicométricas. Destaca que pese a ello, son importantes porque apoyan la evidencia conductual disponible y porque son fuente de hipótesis que se pueden comprobar mediante métodos de psicología del desarrollo conductual. Respecto a las modalidades de resonancias magnéticas identifica las estructurales RMNs como las

procesos neurobiológicos que están en la base del comportamiento adolescente[74]. De esta forma, han facilitado que se tenga una mejor perspectiva de la evolución de diversas zonas cerebrales en la adolescencia, tanto desde el punto de vista anatómico o estructural como funcional o de actividad[75]. A nivel anatómico se plantean que se da: (a) maduración de la corteza prefrontal[76],

---

funcionales RMNf. Las primeras señalan cambios estructurales del cerebro, como por ejemplos los cambios en el volumen de materia gris, en tanto que los segundos, de forma precisa identifican la actividad cerebral mientras el sujeto realiza una tarea. "La conducta antisocial adolescente a la luz de las ciencias del cerebro", *Revista de Psicología da CrianÇa e do Adolescente,* Lisboa, *4,* 2013, p. 141. Al respecto también *vid.,* OLIVA DELGADO, A. y ANTOLÍN-SUÁREZ, L., "Cambios en el cerebro adolescente y conductas agresivas y de asunción de riesgos", *Estudios de Psicología, 31,* 1, 2010, p. 54.

74 OLIVA DELGADO, A., "La conducta antisocial adolescente…", *op. cit.*, p. 132. En el mismo sentido, analizando la aparente contradicción que se da porque en la adolescencia media, se tengan las capacidades cognitivas similares a los adultos, pero se tomen decisiones arriesgadas, encuentra las respuestas en los estudios sobre la madurez neuropsicológica: WENGER AMENGUAL, L. S., *op. cit.*, p. 45.

75 OLIVA DELGADO, A., "El desarrollo psicológico…", *op. cit.*, p. 46. Por su parte, STEINBERG, L., "Does Recent Research…", *op. cit.*, p. 259, señala que "hay una disminución de la materia gris en las regiones prefrontales del cerebro durante la adolescencia temprana, reflejo de la poda sináptica". De ahí que se da una red de procesamiento más eficiente.

76 La corteza prefrontal es definida por BLAKEMORE, S. J. y FRITH, U., *op. cit.*, p. 358, como la "parte anterior de la corteza frontal, especialmente evolucionada en simios y seres humanos, implicada en la planificación y selección de conductas y en la memoria". Algo así como el director ejecutivo del cerebro, *vid.* STEINBERG, L., "Does Recent Research…", *idem.*

(b) interconectividad entre las diferentes áreas cerebrales[77] y (c) "actividad dopaminérgica en el sistema límbico"[78].

Esto tiene repercusión en el ámbito funcional, debido a (a) la maduración de la corteza prefrontal y (b) al trabajo coordinado de diferentes áreas del cerebro, se da un aumento en la capacidad de regulación emocional y conductual. Pero esto es un proceso lento que ocurre de forma progresiva durante la adolescencia y en muchas ocasiones en la adultez temprana[79]. Al inicio de la adolescencia la autorregulación conductual está dirigida por un inmaduro (a) cortéx prefrontal, pero con su desarrollo, en dicha actividad intervienen (b) más áreas del cerebro, lo que evita la sobrecarga de algunas partes y la mayor eficiencia en la respues-

---

77 OLIVA DELGADO, A., "La conducta antisocial adolescente…", *op. cit.*, p. 133, explica que: "El fortalecimiento de las conexiones entre la corteza cerebral y otra áreas cerebrales relacionadas con el procesamiento de la información emocional, como el sistema límbico, va a permitir un avance claro en la regulación emocional y conductual con la consiguiente disminución de la impulsividad propia de la adolescencia temprana". Sobre este punto el autor cita a GODBERG, 2001 y WEINBERGER, ELVEVAG & GIEDD, 2005 [GOLDBERG, E., *The executive brain: Frontal lobes and the civilized mind,* Oxford University Press, Nueva York, 2001 y WEINBERGER, D. R.; ELVEVAG, B. & GIEDD, J. N., *The adolescent brain: A work in progress,* National Campaign to Prevent Teen Pregnancy, Washington, DC, 2005]".

78 El sistema límbico según BLAKEMORE, S. J. y FRITH, U., *op. cit.*, p. 345, es un "conjunto de estructuras cerebrales implicadas en diversas emociones, como la agresividad, el miedo, el placer, así como la formación de recuerdos. El sistema límbico consta de varias estructuras, entre ellas el hipocampo, la amígdala, la circunvolución cingulada y el hipotálamo".

79 OLIVA DELGADO, A., "El desarrollo psicológico…", *op. cit.*, p. 45, cita el trabajo de STEINBERG, L. "Does Recent Research…", *op. cit.*, pp. 258-259. Precisamente la importancia de la corteza prefrontal en el control de impulsos instintivos, toma de decisiones, anticipación y la planificación del futuro, hace que se expliquen el aumento de conductas antisociales con los inicios de la adolescencia. *Vid.* OLIVA DELGADO, A., "La conducta antisocial adolescente…", *op. cit.*, p. 133.

ta[80]. Por otra parte, este proceso de maduración que se va dando en el sistema de control, opera de forma diferente al sistema de recompensa, dado que se da una mayor activación de esto ante situaciones placenteras debido a (c) la liberación de dopamina.

Se trata de un proceso que busca el equilibro entre dos sistemas: el socioemocional y el cognitivo[81]. El primero tiene su base en las zonas límbicas y mesolímbicas y está vinculado con "la recompensa, el placer y la búsqueda de sensaciones experimentan una sobreactivación en el periodo que sigue a la pubertad", por la influencia de hormonas puberales[82]. Dicha sobreexcitación implica que si un adolescente se involucra en una actividad placentera existe una importante liberación de dopamina, lo cual genera una sensación de satisfacción que hace que se quiera repetir la misma[83]. Por eso

---

80 OLIVA DELGADO, A., "La conducta antisocial adolescente…", *idem*.

81 STEINBERG, L., "Risk Taking in Adolescence…", *op. cit.*, p. 56, indicando que la mayor toma de riesgos en adolescentes se debe a la interacción en los mismos de la red socioemocional y la red de control cognitivo.

82 Es así como el sistema mesolímbico hace utilización de la dopamina como principal neurotransmisor. Este circuito tiene un cambio fundamental en la pubertad, derivado de la producción hormonal. En esta línea, existen estudios que han determinado que durante la pubertad se da una "sobre-excitación del sistema de recompensa que se traduce en una mayor activación mesolímbica en anticipación de recompensas en adolescentes en comparación con adultos". OLIVA DELGADO, A., "La conducta antisocial adolescente…", *op. cit.*, p. 134.

83 En efecto, según SIEGEL, en el cerebro las células se comunican entre ellas por los neurotransmisores, los cuales son productos químicos, producidos por nuestro cuerpo. En la adolescencia lo que se produce es un aumento de la actividad de circuitos neurológicos que utilizan la dopamina, el cual es un neurotransmisor fundamental para que se sienta la necesidad de gratificación "empezando en los primeros años de la adolescencia y alcanzando el pico más alto en los años centrales de esta, el aumento en la liberación de la dopamina provoca que los adolescentes se sientan atraídos por las experiencias emocionantes y las sensaciones estimulantes". SIEGEL, D. J., *Tormenta cerebral. El poder y el propósito del cerebro adolescente*, Alba, Barcelona, 2022, pp. 86 y 87.

se suele señalar que ante esta liberación natural de la dopamina, la misma "empapa el cerebro"[84], lo que hace que los adolescentes se sientan vivos cuando realizan actividades arriesgadas y por eso quieran repetir la sensación[85]. Todo ello hace que "pueda animarlos a fijarse solamente en la gratificación positiva, que saben con seguridad que los espera, mientras no prestan atención ni valoran los riesgos y desventajas posibles"[86]. En otras palabras, esta mayor sensibilidad a las recompensas da lugar a que los adolescentes se centren más en los efectos positivos que le genera una decisión, que en las consecuencias negativas que deriven de estas[87].

Respecto al sistema cognitivo, este está ubicado en las zonas prefrontal lateral y parietal "áreas que son filogenéticamente más recientes que las que controlan el sistema socioemocio-

---

84 En expresión usada por SIEGEL, D. J., *Ibidem*, p. 87, para definir el aumento de la actividad de los circuitos neurológicos que utilizan la dopamina.

85 Según SIEGEL, D. J., *Ibidem*, pp. 87 y 88, el aumento de la necesidad de gratificación durante la adolescencia se manifiesta de tres formas distintas: I. Aumento de la impulsividad, II. Aumento de la susceptibilidad a la adicción y III. La hiperracionalidad que implica que se valoran sólo los hechos sin valorar un panorama de la totalidad. Sobre la susceptibilidad a la adicción: OLIVA DELGADO, A., "La adolescencia como riesgo y oportunidad", *Infancia y aprendizaje, 27*, 1, 2004, p. 121: "la especial sensibilidad que durante la adolescencia tienen los circuitos neurológicos relacionados con los sistemas de recompensa, que pueden hacer que determinadas experiencias como el consumo de drogas tengan unos efectos persistentes que faciliten la adicción".

86 SIEGEL, D. J., *ibidem*, p. 87.

87 OLIVA DELGADO, A., "El desarrollo psicológico…", *op. cit.*, p. 46. Sobre este punto SIEGEL, D. J., *op. cit.*, p. 90 "Los estudios sugieren que los comportamientos de riesgo en la adolescencia tienen menos que ver con los desequilibrios hormonales que con los mecanismos en el mecanismo de gratificación de la dopamina en el cerebro combinados con la arquitectura cortical que secunda la toma de decisiones hiperracional creando el desequilibrio hacia lo positivo que predomina en los años de la juventud".

nal"[88]. En este sistema se encuentran funciones tan importantes como la capacidad para controlar impulsos y emociones, toma de decisiones, "planificación y anticipación del futuro, control atencional, capacidad para realizar varias tareas a la vez, organización temporal de la conducta, sentido de la responsabilidad hacía sí mismo y los demás o la capacidad empática"[89].

Ahora bien estos dos sistemas tienen un proceso de maduración diferente, dado que el sistema socioemocional es más precoz, siendo sensible a la influencia que tienen las hormonas puberales, dando lugar a un aumento de excitabilidad y capacidad de respuesta. En tanto la maduración del sistema cognitivo prefrontal es más lenta, no está influenciada por los cambios puberales, en la que es fundamental la edad y la estimulación cognitiva, por lo cual la madurez del mismo se da hasta la tercera década de la vida[90]. Esto implica:

> [...] que la adolescencia temprana es el momento en el que el desequilibrio es mayor, con un circuito motivacional muy propenso a actuar en situaciones que puedan deparar una recompensa inmediata y un circuito autorregulatorio que aún no ha alcanzado todo su potencial y, por ello, va a tener muchas dificultades para imponer su control inhibitorio sobre la conducta impulsiva [91].

---

88 OLIVA DELGADO, A., "El desarrollo psicológico...", *op. cit.*, p. 46.

89 Así lo refieren OLIVA DELGADO, A. y ANTOLÍN-SUÁREZ, L., *op. cit.*, p. 56, citando a STEINBERG, L., "Risk Taking in Adolescence...", *op. cit.*, pp. 55–59.

90 OLIVA DELGADO, A. y ANTOLÍN-SUÁREZ, L., *op. cit.*, p. 54.

91 OLIVA DELGADO, A., "El desarrollo psicológico...", *op. cit.*, p. 47. En la misma línea, STEINBERG, L., "Risk Taking in Adolescence...", *op. cit.*, p. 55, indica que cuando se espera una respuesta racional los adolescentes actúan de forma muy impulsiva y emocional siguiendo los dictados de la estructuras subcorticales y debido a una escasa intervención de la corteza prefrontal. En este sentido cita a ESHEL, N. et al., 2007 [ESHEL, N.; NELSON, E. E.; BLAIR, J.; PINE, D. S. & ERNST, M., "Neural substrates of choice selection in adults and adolescents: Development of the ventrolateral prefrontal and anterior

En otras palabras, se da una maduración antes del sistema vinculado con los impulsos que del sistema que los controla, por lo cual "el adolescente se asemeja a una motocicleta que goza de un motor con mucha potencia pero que carece de la dirección y los frenos adaptados a dicha potencia" [92]. De igual forma, existe una importante vinculación entre los mecanismos de la recompensa y los encargados de la información social y emocional, razón por la cual la presencia de iguales y las situaciones en las que exista una importante carga emocional potencian los efectos recompensantes[93].

Una vez analizado lo anterior, pasamos a abordar la perspectiva legal, con el fin de verificar si el análisis psicológico ha sido tomado en cuenta en la forma en que nuestra sociedad reconoce a la persona menor de edad a través del Derecho.

III. PERSPECTIVA LEGAL

Analizar la visión legal de la madurez y su relación con la persona menor de edad es fundamental para entender cómo el

---

cingulated cortices", *Neuropsychologia, 45*, 6, 2007, pp. 1270-1279]. En su conclusion final y basado en el studio citado señala: "In conclusion, the present results demonstrate that adults engage prefrontal regulatory structures to a greater extent than adolescents when contemplating options and making high risk choices, and that this engagement negatively correlates with risky selections".

92 OLIVA DELGADO, A., "El desarrollo psicológico…", *op. cit.*, p. 47. En la misma línea de CASEY, B. J.; et. al., 2011, citados en OLIVA DELGADO, A., "La conducta antisocial adolescente…", *op. cit.*, p. 134. [CASEY, B. J.; JONES, R. M. & SOMERVILLE, L. H., "Braking and Accelerating of the Adolescent Brain", *Journal of Research on Adolescenec, 21*, 1, 2011, pp. 21-33].

93 OLIVA DELGADO, A., "La conducta antisocial adolescente…", *op. cit.*, p. 135. En la misma línea STEINBERG, L., "Risk Taking in Adolescence…", cit. BUENO i TORRENS, D., "El cerebro adolescente: época de cambio y transformación", Revista General de Derecho Penal, Iustel, 42 , 2024, p. 12.

Estado le ha reconocido jurídicamente como actor social. Por ello, en este apartado estudiaremos algunos aspectos desde el punto de vista civil, para luego profundizar en la parte penal. Respecto al primero, analizaremos la madurez a partir del principio de autonomía progresiva del menor con una breve reflexión sobre su calidad de sujeto de derechos, para luego abordar el contexto del criterio del menor maduro. Respecto al segundo, analizaremos la madurez del menor en Derecho Penal a partir del estudio de los límites mínimos y máximos de la edad de responsabilidad penal, para finalizar con una pequeña reflexión sobre la madurez en la imputabilidad específica del menor.

1. El reconocimiento de la madurez en el Derecho Civil: una aproximación

La edad es uno de los criterios fundamentales que tiene el Derecho para determinar quién puede tener obligaciones y ejercer derechos de forma autónoma. La mayoría de edad se ha fijado constitucionalmente en los 18 años, considerándose que, a partir de la misma, los sujetos pueden entender y querer lo que eligen y hacen [94]. Ahora bien, el criterio cronológico basado en la edad no se considera una pauta categórica, dado que un sujeto menor de 18 años puede tener la madurez suficiente para tomar de forma autónoma determinadas decisiones[95].

---

94 SEAONE RODRÍGUEZ, J. A. y ÁLVAREZ LATA, N., "El menor maduro desde la perspectiva del Derecho", en *El menor maduro: cinco aproximaciones a un perfil poliédrico,* Centro Reina Sofía sobre la Adolescencia y Juventud, Madrid, 2019, p. 68. La mayoría de edad se define por el art. 12 de la CE "Los españoles son mayores de edad a los dieciocho años" y el art. 240 del Código Civil (en adelante CC **[TOL220.310]**): "La mayor edad empieza a los dieciocho años cumplidos".

95 *Idem.*

De esta forma surge la categoría de "menor maduro", que matiza y complementa el criterio cronológico de la edad[96]. En la aplicación del criterio de la edad se da una aplicación disyuntiva según la cual se es o no mayor de edad, lo que implica que se es o no competente para tomar decisiones, o recordemos lo dicho desde la sociología, es un "ya sí" o "aún no", actor social reconocido. A *contrario sensu*, el criterio del menor maduro es de aplicación flexible, ya que la madurez es "abierta y prudencial", pues es un proceso progresivo que depende de cada sujeto, del acto que se trate y de las circunstancias que lo acompañen[97]. En razón de ello, la conceptualización del menor maduro no implica que se asuma que las personas menores de edad a partir de determinada edad tengan la madurez de un adulto y que, por ello, puedan tomar cualquier decisión, sino que "algunos menores pueden tener un grado de madurez suficiente para tomar una determinada decisión en un momento concreto"[98]. Lo anterior guarda sintonía con la perspectiva psicológica que señalaba que la capacidad de toma de decisiones maduras está influenciada por aspectos socioemocionales. Por lo cual no basta analizar su desarrollo cognitivo para determinar su madurez, sino un conjunto de aspectos sociales y emocionales que influyen en ella. Por ello, una persona menor de edad puede ser madura para unas decisiones pero no para otras, de ahí la importancia de analizar el caso concreto, esto es el sujeto, el acto que se trate y las circunstancias que lo acompañan.

Para analizar este reconocimiento de la madurez del menor nos vamos a referir brevemente a dos aspectos. En primer lugar, a su trasfondo ideológico, que parte del reconocimiento de la persona menor de edad como sujeto de derechos, y de ahí la necesidad de escucharle atendiendo a su autonomía progresiva y, en segundo lugar, al marco general del reconocimiento de la autonomía progresiva del menor a través del criterio del menor maduro en el Derecho civil.

---

96 *Idem.*

97 *Idem.*

98 MARTIN BADIA, J., *op. cit.*, p. 30.

1.1. Su fundamento: la persona menor de edad como sujeto de derechos y su autonomía progresiva

La respuesta que ha dado el Derecho en cuanto al tratamiento de la persona menor de edad, para determinar qué derechos y qué obligaciones tiene, ha tenido una evolución, en la que ha marcado la pauta el cambio de la noción del menor como objeto de derechos a sujeto de los mismos. Como hemos señalado, la infancia es una "construcción social"[99], es decir, es producto de un proceso de cambio socio-histórico en el cual han variado usos, concepciones y percepciones vinculadas a ella y ha tenido repercusión en la forma en cómo lo ha visto el Derecho.

En esta línea, hasta el siglo XVIII el niño se empezó a considerar como sujeto autónomo diferente del adulto[100]. No obstante, tal reconocimiento se hace bajo un esquema "protección-control", en el que el Estado considera a la persona menor de edad como necesitada de tutela, es decir, como objeto de derechos más que como titular de estos. Para la época en que se "gestó"[101] el pacto social, en 1789, existía una noción del niño como ser dependiente y necesitado de protección. Frente a esta percepción, el Estado adoptó un esquema protector, bajo la noción de que el niño era un ser diferente al adulto. Como resultado lógico, se dio su exclusión del concepto de "ciudadanía".

---

99 RODRÍGUEZ PASCUAL, I., "¿Sociología de la infancia?...", *op. cit.*, p. 103. VENTAS SASTRE, R., *op. cit.*, p. 67, En concepto de este último autor, la adolescencia es un concepto cultural, relativo a cada sociedad y no delimitado por indicadores biológicos.

100 En esta línea un interesante trabajo de ARIÉS, P., *El niño y la vida familiar en el antiguo régimen*, Taurus, Madrid, 1988, p. 57, donde señala que: "Hasta aproximadamente el siglo XVII, el arte medieval no conocía la infancia o no trataba de representársela; nos cuesta creer que esta ausencia se debiera a la torpeza o a la incapacidad. Cabe pensar más bien que en esa sociedad no había espacio para la infancia".

101 En una necesidad racional más que histórica de este tema.

Estas realidades conceptuales, son las que conducen a que la persona menor de edad en ese momento aparezca excluida del pacto social. La elaboración del concepto de menor como hoy la entendemos no existía –consecuencia racional de entender a la infancia como una construcción social–. Por lo mismo, su valoración frente al pacto social tomaba en consideración al niño como ser "dependiente"[102] y "necesitado de protección", conduciendo a su lógica exclusión.

El tiempo marcó su evolución y es en el siglo XX cuando se empieza a plantear un concepto diferente de infancia: "el niño como sujeto de derechos" [103]. *La Convención sobre los Derechos del niño de 1989* (en adelante CDN **[TOL137.009]**), es el pilar de esta doctrina[104]. Si bien esta normativa no es la primera en el

---

102 La dependencia a la que se hace alusión se refiere a la que implica limitación frente a los Derecho Fundamentales, ya que estamos de acuerdo con el planteamiento de RODRÍGUEZ PASCUAL, I., "¿Sociología de la infancia?...", *op. cit.*, p. 115; en su concepto existe una característica que puede considerarse como el núcleo del fenómeno y que puede constituir la base a través de la cual se construya el marco teórico de la infancia: "la dependencia". En efecto, el alto grado de "dependencia" del niño de la estructura familiar, constituye una connotación básica de la condición de la niñez. Esto supone un contenido diferente, pues la "dependencia" que mencionamos, suponía la marginación del niño de la titularidad de Derechos Fundamentales; en tanto que aquí hace referencia a una vinculación respecto a la familia.

103 BENITO ALONSO, F., "Los antecedentes históricos de la Ley 5/2000, de 12 de enero, reguladora de la responsabilidad penal de los menores, como criterio de interpretación de la misma", *Diario La Ley*, 12470, Tomo IV, 2001, p. 9. El menor deja de ser objeto de protección.

104 Sobre el proceso de reconocimiento de los Derechos del niño en el ámbito internacional: CILLERO BRUÑOL, M., "La convención sobre los derechos del niño como culminación de un proceso de reconocimiento internacional de los derechos de los niños", en *Tratado del Menor. La protección jurídica de la infancia y la adolescencia*, Thomson Reuters Aranzandi, Navarra, 2016, pp. 85 y ss.

orden cronológico[105], tuvo el mérito de llamar la atención sobre el manejo arbitrario de la infancia[106]. Planteó una percepción radicalmente nueva del menor[107], otorgándole una precisa cate-

105 La necesidad de protección especial al niño ha sido enunciada en la *Declaración de Ginebra de 1924 sobre los Derechos del Niño,* en la *Declaración de los Derechos del Niño adoptada por la Asamblea General el 20 de noviembre de 1959* **[TOL301.599]** y reconocida en la *Declaración Universal de los Derechos Humanos de 10 de diciembre de 1948* **[TOL147.461]**, en el *Pacto Internacional de Derechos Civiles y Políticos* **[TOL163.591]** y *Pacto Internacional de Derechos Económicos, Sociales y Culturales* **[TOL207.989]**, *ambos del 16 de diciembre de 1966.*

106 En este sentido GARCÍA MÉNDEZ, E., "Infancia, ley y democracia: una cuestión de justicia", en *Derechos y garantías de la niñez y adolescencia hacia la consolidación de la doctrina de protección integral,* Oficina del Alto Comisionado de las Naciones Unidas para los Derechos Humanos, Quito, 2010, p. 10. Sólo dos países en el mundo no han ratificado la Convención: Somalia y Estados Unidos. Este último por la tradición del derecho anglosajón, según la cual, la Convención tiene la apariencia de destruir la autoridad que hay en los padres, y por temas de seguridad urbana y delincuencia juvenil ya que en algunos Estados frente a delitos graves cabe la pena de muerte.

107 *Ibidem,* p. 29. En de concepto GARCÍA MÉNDEZ la Convención "constituye el instrumento más importante, en la medida que proporciona el marco general de interpretación de todo el resto de esta normativa". Los instrumentos básicos de esta doctrina son: *la Convención Internacional de los Derechos del Niño de 1989, las Reglas Mínimas de las Naciones Unidas para la Administración de la Justicia de Menores (Reglas de Beijing), adoptadas y proclamadas por la Asamblea General en su resolución 40/33, de 29 de noviembre de 1985,* disponible en <https://docs.un.org/es/A/RES/40/33> [Consulta: 26/05/2023]. **[TOL301.601]**, *las Reglas para la protección de menores privados de libertad (Reglas de la Habana), adoptadas y proclamadas por la Asamblea General en su resolución 45/113, de 14 de diciembre de 1990,* disponible en <https://docs.un.org/es/A/RES/45/112> [Consulta: 26/05/2023]. **[TOL301.602]** *o las Directrices de las Naciones Unidas para la prevención de la delincuencia juvenil (Directrices Riad) adoptadas y proclamadas por la Asamblea General en su resolución 45/112, de 14 de diciembre de 1990.* Disponible en <https://docs.un.org/es/A/RES/45/112> [Consulta: 26/05/2023] **[TOL301.600].**

goría jurídica, y abandonando el discurso pseudo-proteccionista que lo tomaba como una vaga categoría social[108].

Según BARATTA, la CDN reconoce una diferente identidad[109] en el menor, tratando de forma específica y privilegiada el reconocimiento de los derechos civiles y de libertad, económicos sociales y culturales, y los derechos comunicativos de libertad. Estas diferencias ventajosas son reconocidas en el preámbulo de la CDN, en la que se parte de que la infancia tiene derecho a cuidados y asistencia especiales. Diferencias que deben ser reconocidas también como prerrogativas positivas y no como debilidad o falta de madurez física y mental.

En esta línea, la doctrina ha señalado que varias disposiciones de la Convención ponen marco al denominado principio de autonomía del menor. Concretamente el art. 5 de la CDN establece:

> Los Estados Partes respetarán las responsabilidades, los derechos y los deberes de los padres o, en su caso, de los miembros de la familia ampliada o de la comunidad, según establezca la costumbre local, de los tutores u otras personas encargadas legalmente del niño de impartirle, en consonancia con la evolución de sus facultades, dirección y orientación apropiadas para que el niño ejerza los derechos reconocidos en la presente Convención.

Este postulado que ha sido entendido en clave al reconocimiento del "respeto y promoción de la autonomía progresiva

---

108 RIVERO HERNÁNDEZ, F., *El interés del menor*, Dikinson, Madrid, 2000, p. 24. En una concepción tradicional al menor se le daba un estatus de persona meramente protegida; dentro de un pensamiento moderno se le confiere al menor a partir de cierto momento de su vida (adolescencia) el estatus de persona autónoma.

109 *Ibidem*, p. 52. "La manera específica con la cual está construida la ciudadanía plena del niño en el sistema de la Convención, depende de la identidad diferente de los niños, en sus distintas fases de desarrollo, con relación a los adultos".

del niño en ejercicio de sus derechos"[110]. Argumento que se ve complementado por el art. 12.1 de la CDN que establece:

> Los Estados Parte garantizarán al niño, que esté en condiciones de formarse un juicio propio, el derecho de expresar su opinión libremente en todos los asuntos que afectan al niño, teniéndose debidamente en cuenta las opiniones del niño, en función de la edad y madurez del niño.

En una interpretación de dicho artículo BARATTA, desarrollando el concepto de "ciudadanía del niño", considera que el niño tiene derecho a hacerse un juicio propio y expresarse, lo que conlleva al deber simétrico del adulto de escucharlo. Y esta facultad debe extenderse a todos los asuntos que afecten directa o indirectamente al niño[111]. En otras palabras, la necesidad de escuchar a la persona menor de edad parte del reconocimiento de su autonomía progresiva, en función de su edad y madurez[112].

Así pues, partiendo de que la CDN tiene un carácter vinculante para los países que la ratifican, el principio de autonomía progresiva obliga a los Estados a que reconozcan en su sistema normativo respecto a los menores "la gradación del ejercicio de los derechos según su madurez"[113]. De esta forma el reconoci-

---

110 CILLERO BRUÑOL, M., *op. cit.*, p. 117.

111 BARATTA, A., *op. cit.*, p. 53. Es más, se pude decir que podría extenderse a asuntos de los adultos, en razón del principio de la reciprocidad estructural de los intereses del niño y de los adultos.

112 Ahora bien, el derecho de los menores a ser escuchados no implica que se niegue el deber a los padres y educadores de acompañar y favorecer el desarrollo fisiológico, afectivo e intelectual del niño, sino el reconocimiento de los límites al cuidado y a la función educativa, para que no choquen con procesos de manipulación y represión de las capacidades del niño. Al respecto BARATTA, A., *ibidem*, p. 55.

113 PÉREZ GALLARDO, L. B., "Autonomía progresiva y capacidad para testar de las personas menores de edad", en *Capacidad y protección de las personas menores de edad en el derecho*, Ediciones Olejnik, Santiago de Chile, 2021.p. 295.

miento de la madurez queda ligado a factores cognitivos y de interacción social[114], que trascienden el mero criterio biológico de la edad, y se relaciona con el principio de autonomía progresiva.

Concretamente en el caso español, partiendo de la interpretación de los arts. 39 y 96 de la Constitución (en adelante CE, **[TOL173.304]**), podemos señalar que el principio de autonomía progresiva que establece la CDN es una exigencia para el Estado, ya que dicho tratado fue ratificado el 31 de diciembre de 1990[115], incorporándose con ello al andamiaje normativo español. De igual forma, porque la CE establece la necesidad de protección de los derechos de los menores conforme a lo establecido en los instrumentos internacionales. Ahora bien, ¿cómo se materializa la aplicabilidad de dicho principio? O dicho de forma más concreta ¿el Estado español ha facilitado las vías para que las personas menores de edad puedan ejercer sus derechos, tomando en cuenta su grado de madurez y la propia naturaleza jurídica del acto jurídico?[116] En este trabajo analizáremos brevemente el siguiente punto a partir de un aspecto fundamental, esto es la evolución del reconocimiento del ejercicio de los derechos de los menores y su relación con el principio de autonomía progresiva.

1.2. La autonomía progresiva y el reconocimiento del ejercicio de sus derechos

Para poder entender de forma general si el Derecho Civil ha incorporado en su andamiaje normativo el principio de autonomía progresiva de la CDN, vamos a establecer una diferenciación básica que antaño se solía hacer con bastante contundencia, cuando se planteaba el reconocimiento de las especificidades

---

114 *Ibidem,* p. 299.

115 *Instrumento de Ratificación de la Convención sobre los Derechos del Niño, adoptada por la Asamblea General de las Naciones Unidas el 20 de noviembre de 1989.* BOE núm. 313, de 31/12/1990.

116 *Ibidem,* p. 297.

de la persona menor de edad. En este sentido, se señalaba una clásica distinción entre capacidad jurídica y capacidad de obrar.

La capacidad jurídica partía de la idea de que todo sujeto en cuanto persona, tenía la aptitud para ser titular de derechos subjetivos y de obligaciones, sin distinción de edad[117]. Ya que en razón del respeto por la dignidad personal del art. 10.1 de la CE, se asumía que todos éramos sujetos de derechos, desde el momento en que nacíamos, por lo que adquiríamos la condición de persona[118]. Es así como la capacidad jurídica era aplicable a cualquier sujeto y operaba sin ninguna restricción durante toda la vida, sólo extinguiéndose con la muerte[119]. Por otra parte, la capacidad de obrar se vinculaba a la aptitud del sujeto para ejercer derechos y realizar actos con eficacia jurídica, la cual se consideraba plena a partir de los 18 años. Por lo cual, mientras la capacidad jurídica se enmarcaba en la titularidad de derechos, la capacidad de obrar se vinculaba con el ejercicio de derechos.

---

117 En la misma línea especificando las aptitudes: GETE-ALONSO Y CALERA, M. del C., "Persona, personalidad, capacidad", en *Tratado de derecho de la persona física*, Tomo I, Civitas, Thomson Reuters, Madrid, 2013, p. 104: "la aptitud para ser titular de derechos, poderes y facultades (sujeto activo) y obligaciones y deberes (sujeto pasivo)". Indica que esta es un aspecto estático de la persona.

118 Según el art. 29 del CC: "El nacimiento determina la personalidad; pero el concebido se tiene por nacido para todos los efectos que le sean favorables, siempre que nazca con las condiciones que expresa el artículo siguiente", esto es una vez desprendido del vientre materno (art. 30 del CC). Así las cosas, la personalidad se adquiere por el nacimiento del ser humano, debiendo reunirse dos requisitos: 1. Nacer con vida y 2. Debe producirse el entero desprendimiento del seno materno y continuar vivo. La personalidad se define como la aptitud para ser titular de derechos y obligaciones, lo que coincide con la capacidad jurídica. En este sentido: ARIAS DÍAZ, M. D., "Lección 3. El sujeto de Derecho: La persona física", en *Lecciones de Derecho Civil*, 3ª ed., Tecnos, Madrid, 2021.

119 *Idem.*

A raíz de la aprobación de la *Ley 8/2021, de 2 de junio, por la que se reforma la legislación civil y procesal para el apoyo a las personas con discapacidad en el ejercicio de su capacidad jurídica* **[TOL8.447.402]**, la distinción entre capacidad jurídica y de obrar ha desaparecido. En el preámbulo de la ley se señala que la reforma supone un paso para la adecuación del ordenamiento español a la *Convención internacional sobre los derechos de las personas con discapacidad, promulgado en Nueva York el 13 de diciembre de 2006* y ratificado en España en el 2008 **[TOL1.279.126]**[120].

Dicho tratado señala en su art. 12 apartado 1 que: "Los Estados Partes reafirman que las personas con discapacidad tienen derecho en todas partes al reconocimiento de su personalidad jurídica". El legislador español en el preámbulo de Ley 8/2021, de 2 de junio, interpreta dicho artículo entendiendo que con este se:

> [...] proclama que las personas con discapacidad tienen capacidad jurídica en igualdad de condiciones con las demás en todos los aspectos de la vida, y obliga a los Estados Partes a adoptar las medidas pertinentes para proporcionar a las personas con discapacidad acceso al apoyo que puedan necesitar en el ejercicio de su capacidad jurídica. El propósito de la convención es promover, proteger y asegurar el goce pleno y en condiciones de igualdad de todos los derechos humanos y libertades fundamentales por todas las personas con discapacidad, así como promover el respeto de su dignidad inherente.

Bajo estas premisas, la diferencia entre capacidad jurídica, como aquella en la que los sujetos tenían la aptitud para ser titular de derechos y la capacidad de obrar, como aquella que les facultaba para ejercer dicha titularidad, se desdibuja. Lo anterior se ve reforzado, ya que según la interpretación que se hace del citado artículo en la *Observación General Nº 1 de 2014 del Comité*

---

120 Según SÁNCHEZ GONZÁLEZ, M., "Análisis de la adaptación al Derecho Civil Español del art. 12 de la Convención sobre los derechos de las personas con discapacidad", *Revista Boliviana de Derecho,* 34, 2022, p. 687, la Ley 8/ 2021, bebe la filosofía de la Convención.

sobre los Derechos de las Personas con discapacidad de la Organización de las Naciones Unidas[121]: "Las personas con discapacidad tienen derecho a la capacidad jurídica". Según explica la Observación, la capacidad jurídica involucra: el tener derechos y obligaciones ante la ley, el poder ejercerlos, aunque se necesite ayuda y el ser responsable de sus actos. Así entendida, la capacidad jurídica involucra la capacidad de obrar.

Otra cuestión, indica la interpretación del Comité, es la capacidad mental, la cual pese a considerarse como un concepto no objetivo y confuso, la identifica con "la habilidad para tomar decisiones", entendiendo que hay casos de personas que necesitan más ayuda que otras, más no por esto dejan de tener capacidad jurídica. Según sentencia la propia Observación: "Todas las personas tenemos derecho a tener capacidad jurídica, aunque tengamos una capacidad mental diferente". Como lo hemos referido, por tales argumentos la mayoría de la doctrina está de acuerdo en que al no distinguirse entre capacidad jurídica y capacidad de obrar ha desparecido la distinción entre la titularidad de los derechos y su ejercicio[122]. Ahora bien, el trasfondo

---

121 COMITÉ SOBRE LOS DERECHOS DE LAS PERSONAS CON DISCAPACIDAD. Observación general N° 1 (2014), CRPD/C/GC/1, 19 de mayo de 2014. Disponible en <https://docs.un.org/es/CRPD/C/GC/1> [Consulta: 15/05/2023].

122 Así lo señala ARNAU MOYA, F., "Aspectos polémicos de la Ley 8 de 2021, de medidas de apoyo a las personas con discapacidad", *Revista Boliviana de Derecho*, 33, 2022, pp. 559-560. Sobre este punto SÁNCHEZ GONZÁLEZ, M., *op. cit.*, pp. 688-689, señala que existen dos posiciones: "Un primer sector doctrinal entiende que el concepto de capacidad jurídica utilizado por la Convención comprende tanto la titularidad de derechos como la facultad de ejercitarlos, eliminando la distinción de lo que en el lenguaje jurídico español se conoce como «capacidad de obrar» (...)". Para estos autores, la Convención prohíbe completamente la sustitución, en cuanto resulta contraria a las exigencias derivadas del art. 12. Otro sector defiende que la Convención no elimina esta distinción, entendiendo que el art. 12

de dicha concepción se basa en que se considera cuestionable la dicotomía que se da al establecer que, si bien todos los sujetos tienen la aptitud para ser titulares de derechos, no todos la tienen para su ejercicio, ya que resultaría discriminatorio[123].

---

diferencia entre la titularidad de los derechos (obligando a su pleno reconocimiento en su apartado segundo) y el ejercicio de estos, para el que el apartado tercero exige adoptar las "medidas pertinentes". Según esta concepción, el mecanismo de la sustitución puede ser autorizado y ser incluso necesario en determinados casos y cumpliendo "ciertas condiciones". Respecto a estas dos posturas, la autora se posiciona en la primera, al entender que "del texto convencional se desprende que el hecho de sufrir una discapacidad no puede justificar, en ningún caso, la limitación de la capacidad de obrar, pues ello constituiría un supuesto de discriminación por discapacidad". Y agrega que: "Sin embargo, observamos ciertas incongruencias en este planteamiento, pues, si se sostiene que la capacidad jurídica es igual, inamovible e ilimitable para todos los sujetos, no habría justificación para el establecimiento de unas medidas de apoyo cuyo objetivo es, precisamente, asistir a las personas que lo necesiten en el ejercicio de su capacidad jurídica. A nuestro juicio, ello muestra que, si existen sujetos que requieren de estos apoyos, es porque existe algún obstáculo en su capacidad natural por más que la Convención o la reforma traten de negarlo" *Vid.* SÁNCHEZ GONZÁLEZ, M., *op. cit.*, p. 710. Si bien ahora aparece como una concepción actual, lo cierto es que GARCÍA RUBIO ya lo señalaba en un artículo publicado en 2013: GARCÍA RUBIO, M. P., "La persona en derecho civil. Cuestiones permanentes y algunas otras nuevas", *Teoría y derecho, Revista de pensamiento jurídico,* 14, 2013, pp. 95 y ss.

123 En línea con lo anterior la STC 174/2002, de 9 de octubre **[TOL258.535]** señala que: "En el plano de la constitucionalidad que nos corresponde hemos de declarar que el derecho a la personalidad jurídica del ser humano, consagrado en el art. 6 de la Declaración universal de los derechos humanos de 10 de diciembre de 1948, lleva implícito el reconocimiento del derecho a la capacidad jurídica de la persona, por lo que toda restricción o limitación de su capacidad de obrar afecta a la dignidad de la persona y a los derechos inviolables que le son inherentes, así como al libre desarrollo de la personalidad (art. 10.1 CE)". Así lo cita GARCÍA RUBIO, M. P., "La persona en derecho civil...", *op. cit.*, p. 95.

Bajo estas ideas, la no discriminación sólo se logra garantizando que toda persona que es titular de derechos, lo sea además de su ejercicio, cuestión aparte es reconocer la necesidad de los apoyos que requiera para lograr ejercerlos con autonomía.

Ahora bien, estos argumentos respecto a las personas con discapacidad, también se han trasladado respecto a las personas menores de edad. Pero es que aparte de indicar que al tenor de esto no tiene cabida que se mantenga el "binomio minoría de edad-incapacidad"[124], lo cierto es que el principio de autonomía progresiva ya planteaba no sólo la titularidad de los derechos, sino también la posibilidad de que los puedan ejercer por sí mismos en determinados casos[125] en atención a su madurez. Y esto porque la aplicación del principio de autonomía progresiva, según PÉREZ GALLARDO, debe ser interpretada desde un enfoque de derechos humanos, en el que se debe reconocer a los menores no solo como titulares de derecho sino con capacidad para ejercerlos, teniendo con ello el ordenamiento que habilitar las formas de hacerlo[126].

Por esto mismo, se puede afirmar que el Derecho Civil ya ha venido reconociendo que, partiendo de que la infancia supone una etapa evolutiva, en las que existen "minorías de edad"[127], con diversas particularidades, con el criterio del menor maduro se está dando un reconocimiento de la capacidad de decisión razonable de estos sujetos en determinados circunstancias y

---

124 VELASCO PERDIGONES, J. C., *Autonomía progresiva y responsabilidad civil del menor,* Dykinson, Madrid, 2024, p. 123.

125 *Idem.*

126 PÉREZ GALLARDO, L. B., *op. cit.*, p. 296.

127 RIVERO HERNÁNDEZ ha señalado que no hay minoría de edad sino minorías. *Op. cit.*, pp. 175-176. Lo dicho por este autor es reseñado por JORQUI AZOFRA, M., "Régimen jurídico de la autonomía de los menores de edad en el marco de decisiones sanitarias", *Revista de la Facultad de Derecho de México,* Tomo LXVIII, 272, 2018, p. 474, nota 36. <http://dx.doi.org/10.22201/fder.24488933e.2018.272-1.67621>.

asuntos particulares, lo que se aleja de la idea que vincula dicho reconocimiento sólo en atención a la edad.

Por eso mismo, el Derecho Civil contempla nociones que entienden a la persona menor de edad como sujeto de derechos y a partir de ahí, dentro de un criterio flexible, asume que se le debe escuchar, reconociéndole aptitudes para tomar decisiones razonables en determinados asuntos.

GARCÍA RUBIO ya lo refería en un trabajo publicado en 2020 al estudiar las capacidades del menor[128] en el ámbito español. Para explicar sus argumentos, la autora apuntaba al debate que se da en torno a quién debe apreciar el interés superior del niño[129]. Según explica, existen dos posiciones, por una parte, los que consideran que son los adultos los encargados de tomar tal decisión y, por otra, los que opinan que es el propio menor quien lo hace. La primera postura considera que el niño es

---

128 GARCÍA RUBIO, M. P., "¿Qué es y para qué sirve el interés del menor?", *Actualidad Jurídica Iberoamericana*, 13, 2020, pp. 14 y ss. Lo anterior guarda íntima relación con las personas con discapacidad, dado que tanto ellos como en menores, la ley es la que define dicha discapacidad. Así lo refiere la autora, citando el interesante trabajo de DAILEY y ROSENBURY, [DAILEY, A. C. & ROSENBURY, L. A., "The New Law of the Child", *The Yale Law Journal, 127,* 6, 2018, p. 1475]. Señala críticamente como las dependencias creadas por la ley, establecieron la percepción sobre las habilidades de los sujetos a los que calificaba de dependientes. A título de ejemplo, cita el caso de las limitaciones de los derechos de las mujeres casadas amparado en la protección que le daba su marido. GARCÍA RUBIO, ya refirió argumentos críticos sobre las restricciones de la capacidad de obrar de forma temprana en su trabajo: "La persona en derecho civil...", *op. cit.*, pp. 95 y ss.

129 En este sentido también: GONZÁLEZ LEÓN, C., "La protección de los datos de salud del menor de edad y el derecho de acceso a su historia clínica electrónica", en *Algunos desafíos en la protección de datos,* Comares, Granada, 2018, p. 57, señala que el "concepto de madurez es fundamental para determinar el ámbito de actuación del menor y para precisar qué es lo que exige su interés superior".

un adulto en formación, incompetente para tomar decisiones respecto a su vida y por ende necesitado de protección. Este argumento es criticado por considerar que las motivaciones que finalmente se amparan no son las de los niños, sino las de los adultos, lo cual conlleva que en algunos casos la decisión tenga como trasfondo la moralidad social del encargado de tomar la decisión, que en la mayoría de las ocasiones puede coincidir con los valores dominantes de la época, discriminando con ello los valores de grupos minoritarios. El interés superior del niño estaría siendo valorado bajo una visión no sólo adultocéntrica, sino globalizante que desconocería la pluralidad de los valores sociales. No en vano dicho paternalismo ha justificado máximas retrogradas como "en el bien no hay exceso"[130].

En la segunda postura, se entiende que los niños se encuentran en una etapa vital en la que deben también participar de modo "activo, responsable y autónomo". Dicho planteamiento conlleva a preguntarse si los niños disfrutan de todos los derechos humanos o sólo son "teóricos titulares sin apenas capacidad para ejercitarlos"[131]. Es decir, ¿se podría considerar que las personas menores de edad si pueden ejercitar sus derechos o por el contario por su condición de vulnerabilidad, son dependientes y necesitados de protección, por lo cual su capacidad jurídica no les habilita para ejercitarla por sí solos?

Para resolver tal dilema, GARCÍA RUBIO refiere como:

> [...] muchos estiman que lo más adecuado es entender que las exigencias de protección y cuidado no son incompatibles con reconocer a los niños y niñas como participantes activos en el

---

130 Al respecto en materia de Justicia Juvenil esta era una de las máximas del modelo tutelar amparado en ideas positivistas. CUELLO CALÓN, E., *Tribunales para niños*, Librería General de Victoriano Suárez, Madrid, 1917, p. 38.

131 GARCÍA RUBIO, M. P., "¿Qué es y para qué sirve el interés del menor?", *op. cit.*, p. 29.

> desarrollo de sus propias vidas como menores y no únicamente como adultos en fase de formación; en consecuencia, serían **titulares de derechos, pero además lo serían como niños y, por lo tanto, deberían tener la posibilidad de ejercitarlos también como niños.**[132] (La negrita es nuestra).

De alguna manera se está señalando que no se debe dar al menor una moratoria social, que desde la sociología se critica, para darle un reconocimiento como actor social y real sujeto de derechos.

Esta posición reconoce a la persona menor de edad como sujeto de derechos, partiendo de que la protección al mismo y el ejercicio de sus derechos no deben tratarse como objetivos opuestos[133], por lo cual la capacidad jurídica implicaría la capacidad de ejercer sus derechos. De alguna manera, el legislador español ya lo reconocía, por lo menos como un marco de intenciones. En este sentido, la exposición de motivos de la *Ley Orgánica 1/1996, de 15 de enero, de Protección Jurídica del Menor* (en adelante LO 1/1996 **[TOL301.481]**) señala que:

> El conocimiento científico actual nos permite concluir que no existe una diferencia tajante entre las necesidades de protección y las necesidades relacionadas con la autonomía del sujeto, sino que **la mejor forma de garantizar social y jurídicamente la protección a la infancia es promover su autonomía como sujetos**[134]. (La negrita es nuestra).

---

132 *Ibidem*, p. 30.

133 En este sentido: AGNU. *Promoción y protección del derecho a la libertad de opinión y expresión.* [Informe del Relator Especial Sr. Frank La Rue]. Nota del Secretario General. A/69/335, de 21 de agosto de 2014.

134 Por esto mismo la *LO 1/1996, de 15 de enero,* ha establecido que se debe interpretar de forma restrictiva las limitaciones a la capacidad de obrar art. 2.1 "Las limitaciones a la capacidad de obrar de los menores se interpretarán de forma restrictiva y, en todo caso, siempre en el interés superior del menor". Al respecto: JORQUI AZOFRA, M., *op. cit.*, p. 477. También lo refiere MORÁN MARTIN, R., "El 'sí de las niñas' o el derecho es una herramienta llena de incoherencias", *El cronista del Estado Social y Democrático de Derecho,* 79, 2019, p. 6.

Así pues, creemos que este enfoque del Derecho Civil, previo a la superación que se hace por la Ley 8/2021, de 2 de junio, de la dicotomía entre capacidad jurídica y de obrar, ya partía de considerar a la persona menor de edad dentro de un nuevo modelo denominado autonomista o de participación en el que se le reconoce dentro de un periodo vital, marcado por una individualidad, con sus derechos, cualidades y atributos. En razón de ello, en un marco de protección en que se le reconoce su autonomía progresiva, siendo la madurez determinante para el ejercicio de sus derechos. Es así como se entendía que la capacidad jurídica del menor involucraba también el ejercicio de sus derechos, en atención a la aplicación del criterio del menor maduro.

Una vez precisado esto, en el siguiente punto, enunciaremos brevemente un marco ejemplificativo de cómo opera el reconocimiento de la autonomía progresiva del menor a través de algunas disposiciones del Código Civil en las que se aplica el criterio del menor maduro.

1.3. Una ejemplificación del reconocimiento de la madurez en el Derecho Civil

Si bien el tratamiento de la madurez en la persona menor de edad es ampliamente manejado por el Derecho Civil, nos vamos a referir a dos formas que ejemplifican el reconocimiento de la capacidad del menor para ejercitar sus derechos en atención a su madurez. Así pues, por una parte, el Derecho Civil establece presunciones de la madurez a partir de un criterio objetivo vinculado con la edad. A título de ejemplo, pensemos en la potestad para realizar testamento, salvo el ológrafo, que se reconoce a partir desde los 14 años (arts. 663 y 688 del CC), o la participación en los asuntos que le incumben, en los que se presume su madurez a partir de los 12 años (art. 9 de la LO 1/1996)[135]. En

---

[135] El Derecho facilita la intervención de las personas menores de edad en asuntos que le incumben a través de la "audiencia del menor",

los ejemplos referidos se parte de una presunción *iuris tantum* de madurez basada en un dato objetivo de la edad.

Por otra parte, encontramos otras disposiciones que reconocen el ejercicio de los derechos de los menores en atención a un criterio subjetivo, que atenderá a la valoración que se haga de su madurez. Veamos algunos ejemplos. En primer lugar el art. 162.1 del CC establece que los padres que ostenten la patria potestad tienen la representación legal de sus hijos menores no emancipados, exceptuándose "1. Los actos relativos a los derechos de la personalidad[136] que el hijo, de acuerdo con su madurez, pueda

---

según lo cual el menor debe ser oído y escuchado garantizando que cuando "tenga suficiente madurez, pueda ejercitar este derecho por sí mismo o a través de la persona que designe para que le represente. La madurez habrá de valorarse por personal especializado, teniendo en cuenta tanto el desarrollo evolutivo del menor como su capacidad para comprender y evaluar el asunto concreto a tratar en cada caso. Se considera, en todo caso, que tiene suficiente madurez cuando tenga doce años cumplidos" (art. 9 de LO 1/1996). Según RUÍZ DE HUIDROBO DE CARLOS, J. M., "La capacidad de obrar y la responsabilidad de los menores", en *Tratado del menor. La protección jurídica a la infancia y la adolescencia,* Aranzadi, Navarra, 2016, p. 183, para ello, se le debe dar la información necesaria al menor dentro de un lenguaje comprensible, adaptado a sus circunstancias.

136 Respecto a la definición de derechos personalísimos, SEAONE RODRÍGUEZ, J. A. y ÁLVAREZ LATA, N., *op. cit.*, p. 76, indica que no existen un catalogo de los mimos, pero existen características fundamentales de estos como: 1. Son derechos inherentes a las personas, cuyo fundamento esta en el art. 10 de la CE, 2. Incumben a la esfera privada o intimidad de la persona, incluyen facultades en el ámbito de la familia y acciones relativa al estado civil, 3. Tienen carácter inalienable, indisponible, irrenunciable e imprescriptible, y 4. En relación a su ejercicio se aitende a la capacidad natural o madurez de la persona. Por su parte BATUECAS CALETRIO, A., "El control de los padres sobre el uso que sus hijos hacen de las redes sociales", en *En torno a la privacidad y la protección de datos en la sociedad de la información,* Comares, Granada, 2015, p. 147 señala que: "Los derechos de la personalidad

ejercitar por sí mismo. No obstante, los responsables parentales intervendrán en estos casos en virtud de sus deberes de cuidado y asistencia". Con la anterior disposición, se excluye del contenido que es propio de la patria potestad, lo que tiene que ver con los derechos personalismos en el caso del hijo que tiene madurez suficiente para ejercerlos[137]. Esta disposición articula el equilibrio entre el respeto a la autonomía del menor y su protección, dado que por una parte se reconoce el juicio propio del menor maduro para ejercitar los derechos de la personalidad, y por otra, se establece la posibilidad de la intervención de los padres en razón de los deberes de cuidado y asistencia[138]. Por eso mismo, se señala que en los derechos de la personalidad no hay representación de los padres, sólo que hay un deber de los padres de cuidar y decidir qué es lo más adecuado para sus hijos[139].

En segundo lugar, en lo que respecta al menor no emancipado, según el art. 1263 del CC: "podrá realizar contratos o negocios patrimoniales que las leyes les permitan realizar por sí mismos o con asistencia de sus representantes y los relativos a bienes y servicios de la vida corriente propios de su edad de conformidad con los usos sociales"[140]. Esto se ha interpretado como la posibilidad de que las personas menores de edad puedan realizar "contratos proporcionados a sus condiciones de madurez", que harían alusión a aquellos que se realizan de forma corriente y que no son demasiado onerosos como la compra de bienes de consumo

---

se conciben como aquellos que garantizan a la persona el goce de sus bienes, protegiendo sus atributos físicos, morales y su libre desarrollo". En este sentido el autor incluye la protección de datos.

137 JORQUI AZOFRA, M., *op. cit.*, p. 478.

138 SEAONE RODRÍGUEZ, J. A. y ÁLVAREZ LATA, N., *op. cit.*, p. 71.

139 ARIAS DÍAZ, M. D., cit.

140 En este sentido GARCÍA RUBIO, M. P., "La persona en derecho civil…", *op. cit.*, p. 96, cita la compra de golosinas por un niño de pocos años, la adquisición de títulos de transporte en la ciudad o la compra de material escolar o deportivo por un adolescente.

o el acceso a transporte público o a lugares de recreo y ocio[141]. En este caso, se reconoce un espacio de capacidad contractual del menor en actos cotidianos, delimitado por la edad y por los usos sociales[142]. Se trataría de una disposición que reconoce la libertad del menor, pero se equilibra, en el sentido de que se limita a actos de la vida corriente propios de su edad, con lo cual el ámbito de la protección se tomaría en cuenta.

En el ámbito biomédico la *Ley 41/2002, de 14 de noviembre, básica reguladora de la autonomía del paciente y de derechos y obligaciones en materia de información y documentación clínica* **[TOL215.624]**, hace alusión al criterio de madurez indicando en su art. 9 que se otorgará el consentimiento por sus representantes legales:

> [...] cuando el paciente menor de edad no sea capaz intelectual ni emocionalmente de comprender el alcance de la intervención. En este caso, el consentimiento lo dará el representante legal del menor, después de haber escuchado su opinión, conforme a lo dispuesto en el art. 9 de la LO 1/1996.

Conforme a lo anterior, se reconoce el consentimiento del menor maduro en el ámbito sanitario, no obstante, se establece que el consentimiento lo prestarán sus representantes legales en actos en los que exista un grave riesgo para la vida o salud del menor. En estos casos, sus representantes actúan en función de vela que se tiene atribuida legalmente[143].

Así las cosas, la madurez estaría vinculada con la capacidad intelectual y emocional de comprender lo que implica la intervención, pues, estamos frente a la valoración de las facultades intelectivas y volitivas que se trasladarán en su consentimiento

---

141 SEAONE RODRÍGUEZ, J. A. y ÁLVAREZ LATA, N., *op. cit.*, p. 78.

142 RUÍZ DE HUIDROBO DE CARLOS, J. M., *op. cit.*, p. 182.

143 JORQUI AZOFRA, M., *op. cit.*, p. 479. La autora en la nota 49, señala doctrina que considera que esto no es propiamente un acto de representación.

informado. Esta visión del reconocimiento de la autonomía del paciente, incluso del menor de edad, hace alusión a una visión en la que el modelo paternalista cede ante el modelo autonomista, que reconoce la autonomía del menor si es maduro y no se trate de un acto que implique grave riesgo para su salud o su vida[144]. En definitiva, según lo señala el art. 9 de dicha ley, con carácter general, cuando se trata de menores emancipados o mayores de 16 años se presume que son maduros y con capacidad intelectual y emocional de comprender el alcance de su intervención, por lo que no cabe prestar el consentimiento por representación. No obstante, dicha presunción de madurez a partir de los 16 años se puede desvirtuar, si el facultativo estima que no es maduro, en cuyo caso entrarían los padres en el marco de su función de cuidado y asistencia. De igual forma, como ya señalamos, la Ley 41/2002 en su art. 9.4 también establece que "cuando se trate de una actuación de grave riesgo para la vida o salud del menor, según el criterio del facultativo, el consentimiento lo prestará el representante legal del menor, una vez oída y tenida en cuenta la opinión del mismo". En otras palabras, en el ámbito sanitario se parte de una presunción de madurez del menor emancipado o con 16 años cumplidos de carácter *iuris tantum*, es así como si bien la edad presume la madurez, esta puede ser desvirtuada. De igual forma, se reconoce la libertad del menor mayor de 16 años y también su protección, ya que en casos de grave riesgo para la vida o salud del menor, entran en escena sus representantes legales en razón de los deberes de vela que tienen atribuidos respecto a la persona menor de edad[145].

---

144 Sobre los modelos: ALBA BERMUDEZ, J. M., "El derecho a decidir de los pacientes menores de edad", *Revista Colombiana de Bioética, 14*, 2, 2019, p. 15.

145 Por lo demás sólo agregar que esta decisión del legislador va en la línea de lo señalado por el COMITÉ DE LOS DERECHOS DEL NIÑO. OBSERVACIÓN GENERAL [OGCDN] Nº 12 (2009). El derecho del niño a ser escuchado, p. 25, párrafo 101, CRC/C/GC/12 20 de julio

***

Llegados a este punto, podemos señalar que cuando desde el Derecho Civil se analiza la capacidad del menor para ejercer sus derechos, dicha noción va vinculada con la persona menor de edad como sujeto de derechos en una nueva dimensión. Todo ello dentro de una concepción en la que esta no sólo es titular de derechos, sino que también puede ejercerlos en atención a su autonomía progresiva, en cuya valoración la madurez será fundamental. Es así como la distinción entre capacidad jurídica y capacidad de obrar en nuestra opinión, ya se superaba previa al cambio tan fundamental que ha implicado la Ley 8/2021, de 2 de junio en materia de personas con discapacidad, con el reconocimiento de su autonomía progresiva desde el Derecho

---

de 2009. Disponible en <https://docs.un.org/es/CRC/C/GC/12> [Consulta: 15/05/2023]: "101. Es necesario que los Estados partes introduzcan leyes o reglamentos para garantizar el acceso de los niños al asesoramiento y consejo médico confidencial sin el consentimiento de los padres, independientemente de la edad del niño, en los casos que sea necesario para la protección de la seguridad o el bienestar del niño. Es necesario que los niños tengan ese tipo de acceso, por ejemplo, en los casos en que estén experimentando violencia o maltrato en el hogar o necesiten educación o servicios de salud reproductiva, o en caso de que haya conflictos entre los padres y el niño con respecto al acceso a los servicios de salud. El derecho al asesoramiento y consejo es distinto del derecho a otorgar consentimiento médico y no se debe someter a ninguna limitación de edad". En ese sentido lo interpreta el informe de UNICEF, *Las edades mínimas legales y la realización de los derechos de los adolescentes. Una revisión de la situación en América Latina y el Caribe*, 2016, pp. 33 y 34 (Disponible en <https://www.unicef.org/lac/media/6766/file/PDF%20Edades%20mínimas%20legales.pdf> [Consulta: 10/03/2023]), considerando que los niños y niñas mayores de edad tienen derecho a dar su consentimiento y en casos de menor edad que los mismos puedan demostrar la capacidad para expresar su punto de vista en el tratamiento. En últimas es esto lo acogido por el sistema español, dado que los 16 años presumen dicha capacidad y los de inferior edad pueden demostrarlo.

Civil, con una visión amplia y garantista que partía de la persona menor de edad como sujeto de Derecho.

En efecto, no se puede mutilar la capacidad de ser titular de derechos, negando el que todas las personas los puedan ejercer, pues supondría desplazar la dignidad humana como centro de la argumentación. Consideramos que lo anterior implica que el Derecho Civil apuesta por no "desdoblar" a la persona menor de edad, no le dice eres "ya sí" para ser titular de derechos, pero un "aún no" para ejercerlos[146].

Lo interesante de analizar la perspectiva civil, con estas pequeñas reflexiones, en un tema tan complejo como apasionante, es que vemos como el Derecho Civil no opera al margen de la individualidad de la persona menor de edad. Si bien en el ámbito civil, ante la complejidad que supondría aplicar el concepto de madurez de forma generalizada para el ejercicio de los derechos, se parte de presunciones de la misma en determinadas edades[147], lo cierto es que responde frente a este como un sujeto diverso del adulto y con una individualidad única. Por eso mismo, como hemos señalado, establece ámbitos en los cuales se puede reconocer su capacidad de decisión en atención a su madurez.

En nuestra opinión, el Derecho Civil reconoce la perspectiva sociológica actual que reivindica la necesidad de entender a la persona menor de edad como actor social a través de su participación. De igual forma, admite su proceso evolutivo desde el punto de vista psicológico, reivindicando la necesidad de analizar

---

[146] De forma similar a aquellas muñecas con dos caras de los años 60. Una representación de las mismas en el Museo Museo Art Nouveau y Art Déco, Casa Lis en Salamanca.

[147] Respecto a que el criterio de madurez sea útil de forma no generalizada, en donde el estudio de casos no sea excesivo: BATUECAS CALETRIO, A., *op. cit.*, p. 153. En la misma línea, señalando que sería poco práctico el analizar en cada caso la madurez GONZÁLEZ LEÓN, C., *op. cit.*, p. 57.

en supuestos concretos la madurez del menor, porque como lo señalamos cuando analizamos dicha perspectiva, se puede ser maduro en determinados ámbitos y en otros no. La doctrina civilista cuestiona expresiones paternalistas que ponen en contraposición la protección y la autonomía, y estas ideas se han trasladado por el propio legislador, cuando de forma elocuente señala que la mejor forma de garantizar tanto social como jurídicamente la protección de la infancia es promoviendo su autonomía.

Una vez realizado este acercamiento a la perspectiva civil, nos corresponde ahora, entrar en el ámbito penal.

2. El menor maduro en el Derecho Penal

2.1. Consideraciones preliminares: ¿desdoblamiento del menor por la vulnerabilidad normativa?

El debate que se da en materia penal, sobre la edad en la que el menor es responsable penalmente, puede consentir en materia sexual o en determinados bienes jurídicos o ser poseedor de una vulnerabilidad intrínseca que justifica la presencia de agravantes, tiene mucho que ver con los estudios, que desde la psicología y las neurociencias se hacen sobre su desarrollo cognitivo y socioemocional. ¿Cómo ignorar esta realidad? Pensemos en lo que hemos analizado desde dicha perspectiva con relación a la edad de responsabilidad penal del menor en conflicto con la ley penal.

Según lo hemos referido, desde la psicología se nos indica que los adolescentes pueden conocer cuestiones iguales que un adulto, pero que dentro de la teoría de la representación borrosa (Fuzzy-trace Theory), su conocimiento es básico, lo que implica no conocer el significado de los riesgos y sus posibles consecuencias en el futuro. Si bien dicho conocimiento superficial puede solventarse con más información o la propia experiencia, lo cierto es que esto sólo se puede dar en determinados casos, pero ¿por qué?

Pensemos en el siguiente EJEMPLO I. María de 15 años, es novia de Pedro de 16 años, es huérfana, vive con su abuela —quien ejerce de forma limitada sus deberes de educación con María— y pertenece a un peña de chicos, en la que la mayoría de sus miembros superan los 15 años y han protagonizado riñas y robos en el barrio. En una ocasión María por incitación de su peña, agrede gravemente a Pedro produciéndole lesiones. Un fundamento de por qué exigirle responsabilidad penal a María frente a sistema penal juvenil, sería el considerar que su desarrollo cognitivo atendiendo su edad, se corresponde con un conocimiento formal en el que puede representarse las posibles consecuencias de sus actos. Pero resulta que si pensamos en su desarrollo cerebral, María tiene un precoz sistema socioemocional, en el cual hay un aumento de los circuitos neurológicos que utilizan la dopamina[148], con una liberación acentuada de la misma o dicho de otra forma, una mayor sensibilidad a esta, dado que frente a situaciones placenteras su liberación es mayor. La dopamina empapa su cerebro, centrándose en actitudes que si bien traen riesgos, generan mayores recompensas, lo que a su vez se ve potenciado por el apoyo de sus iguales.

A María, que está "como una moto", en una expresión coloquial que nos viene perfecta para nuestra explicación[149], tiene su sistema de control más atrasado, por lo que sus habilidades, vinculadas con el control de impulsos y resistencia frente a la presión de iguales, están limitadas. ¿Cómo entonces desconocer que en nuestro EJEMPLO I, la presión de iguales tiene efectos al momento de analizar la culpabilidad de María? En este caso plantearemos que María debe responder ante un sistema penal juvenil pero que la presión de iguales puede afectar su propia imputabilidad condicionando el elemento volitivo por una dependencia intensa de

---

148 SIEGEL, D. J., *op. cit.*, pp. 86 y 87.

149 Según el diccionario de la Real Academia de la Lengua Española "como una moto 1. loc. adv. coloq. en estado de gran excitación".

personas de referente. La persona menor de edad comprende la norma pero sigue las instrucciones de los demás.

Pensemos en otra situación, EJEMPLO II, Lucia de 15 años, es novia de Pedro de 16 años, es una niña con una socialización propia de su edad, vive con su abuela, quien ejerce de forma adecuada sus funciones de educación y Pedro es un adolescente con una madurez similar a la de Lucia. Lucia y Pedro tienen relaciones sexuales consentidas, sin protección. En una ocasión Lucia, agrede gravemente a Pedro produciéndole lesiones. Atendiendo a lo que ya hemos señalado en el EJEMPLO I sobre el desarrollo psicológico, no se puede desconocer que Lucia tiene una responsabilidad dentro de un sistema penal diferente al adulto[150]. Es claro que la especificidad de los adolescentes desde el punto de vista cognitivo, socioemocional y de la evolución de su cerebro, determina que la respuesta debe ser diferente.

Pero es que a Lucia del EJEMPLO II, la sociedad le ha calificado como un sujeto "ya sí" para la responsabilidad penal, pero como una "aún no" para ejercer sus derechos sexuales. Y ¿por qué? Podríamos decir que Lucia, asume el riesgo que implica tener conductas sexuales sin protección, derivado de su inmaduro sistema cerebral, en el que puede más la recompensa que riesgo asumido. Pero ¿por qué le negamos que pueda ejercer su libertad sexual? ¿Será por qué está como "una moto" y conocer el ámbito sexual no es adecuado para su edad, pese a qué sea con otro que también está "como una moto"? No quiero ridiculizar un tema especialmente sensible, porque en el fondo el establecimiento de una edad sexual forma parte de la lucha contra la cosificación que se pueda hacer de una persona menor de edad. Numerosos han

---

150 OLIVA DELGADO, A., "La conducta antisocial adolescente…", *op. cit.*, p. 140.

sido los agravios que se han dado contra estas, aduciendo su aparente libertad, cuando en realidad eran víctima de pederastas[151].

Aquí el problema, es que a la persona menor de edad la desdoblamos[152]. A Lucia la segmentamos, para considerarla dentro de una visión adultocéntrica en dos facetas, por una parte una Lucia que ha tomado una decisión de cometer una conducta conociendo que era delito y obrando para realizarlo y por otra, una Lucia que no puede tomar una decisión que involucre su conocimiento sobre su esfera sexual en ámbito de igualdad. Al respecto se podría decir, que para solventar penalizar o no al enamorado Pedro de nuestro ejemplo, entra la denominada cláusula Romeo y Julieta del art. 183 bis del CP. No obstante, lo que aquí quiero poner sobre la mesa, es que pese al posible beneficio que se le dé a Pedro aplicando dicha cláusula, Lucia ha sido desdoblada y no tiene mucha lógica el porqué.

Si bien he colocado en el EJEMPLO II a la misma persona menor de edad como víctima y victimario para evidenciar su desdoblamiento, lo que pretendo resaltar, es que ese desdoblamiento no sé da sólo en dichos perfiles, sino que además en la propia visión de victimario también el derecho penal le desdobla. En razón de ello me centraré en la visión de las edades mínimas y máximas del menor en conflicto con la ley penal. En este punto consideramos que es fundamental tratar de encontrar el trasfondo del esquema de respuesta del Derecho. En este sentido, entendemos que respecto a la persona menor de edad, el ejercicio de derechos fundamentales y la exigencia de deberes están marcados por su especial vulnerabilidad. La vulnerabilidad, en su significado lingüístico, tiene que ver con la posibilidad de ser herido o recibir lesión, física o moral. Un sujeto vulnerable es aquel que

---

151 En ese sentido, véase biografía novelada de la abogada francesa Camille KOUCHNER, *La Familia grande*, Península, Madrid, 2021.

152 Como se mencionó *supra,* de forma similar a aquellas muñecas con dos caras de los años 60.

tiene una mayor probabilidad de sufrir una herida o lesión, si le comparamos con otros colectivos "medios y ordinarios"[153].

A raíz de la categorización de la infancia como vulnerable se ha establecido un binomio inescindible entre *infancia* y *protección.* Por lo anterior, la doctrina ha reconocido la necesidad de una protección específica para los menores, respecto al ejercicio de sus derechos fundamentales y exigencia de responsabilidades. En otras palabras, dado que el niño "tiene necesidades propias" debido a su condición, "su protección de forma especializada se justifica con facilidad en razón de su falta de madurez física e intelectual"[154]. En consecuencia, los ordenamientos nacionales[155] e internacionales establecen

---

153 MARTÍNEZ DE AGUIRRE, C., "La recepción de la idea de la vulnerabilidad en el Derecho civil español. Materiales para un debate", en Vulnerabilidad patrimonial: retos jurídicos, Thomson Reuters Aranzadi, Navarra, 2022, pp. 34-35. Respecto a la vulnerabilidad, CABEZAS HERNÁNDEZ, M., *op. cit.*, pp. 120 y 122, refiere que si bien todos somos vulnerables, los niños aún más por sus propias características físicas, emocionales, su dependencia de los demás, su fragilidad física, psíquica, económica y además social. Según explica "los niños son especialmente vulnerables ya que están construyendo su autoconcepto (soy valioso o no), sus ideas de la naturaleza humana (puedo confiar en los demás o no) y del mundo (es una jungla, es un lugar justo o no).Aquí, ser vulnerable se relaciona con el yo, con la identidad y la susceptibilidad a sufrir daños y amenazas (...)".

154 MANGAS MARTÍN, A., "La protección internacional de los Derechos del niño", *Boletín Europeo de la Universidad de la Rioja,* 4, 1998, p. 7.

155 En el art. 39 CE se reconoce la protección de la juventud y la infancia, "a raíz de la tutela de los principios rectores de la familia". Concretamente en el apartado 4 se señala que los niños gozarán de la protección señalada en los acuerdos internacionales que velan por sus derechos. Al respecto y con relación a la Ley Orgánica 1/1996, de 15 de enero, de Protección Jurídica del Menor: PÉREZ MIRAS, A., "Libertad de expresión y menores", en *Desafíos de la protección de menores en la Sociedad Digital. Internet, redes sociales y comunicación,* Tirant lo Blanch, Valencia, 2018, pp. 245 y ss.

protecciones específicas frente a los menores, por su vulnerabilidad y por ello, *dependencia* respecto a otros seres humanos[156].

En nuestro concepto, el reconocimiento de dichas especificidades de las personas menores de edad hace que el Derecho cree un armazón normativo, que hace que cualquier relación en la que intervengan dichos sujetos sea asimétrica, precisamente a causa de su vulnerabilidad[157]. Por eso mismo, existen normativas específicas en materia de ejercicio de derechos, como lo hemos visto en el apartado anterior, relacionado con el Derecho Civil y por eso mismo en materia penal, cuando nos referimos al menor en conflicto con la ley penal, se plantea en el Derecho Penal una respuesta específica[158].

Si bien el armazón normativo que establece el Derecho es fundamental para una sociedad ordenada y garantista, puede suceder que desde la perspectiva de los menores como sujetos vulnerables, la respuesta legal cree estructuras jurídicas en las que se les limite y no se promueva el ejercicio de sus derechos. Se crean así vulnerabilidades normativas que debilitan a determinados colectivos como actores sociales[159] y no promueven el ejercicio de sus derechos, desconociendo como eje de respuesta la dignidad de todos los individuos. Ahora bien, atendiendo nuestro punto de partida, relacionado con el desdoblamiento del menor ¿será que el Derecho Penal ha creado vulnerabilidades

---

156 MANGAS MARTÍN, A., *op. cit.* p. 7. Es así como la autora establece que son fundamentales los instrumentos internacionales específicos en materia de infancia.

157 Así interpreto las palabras de MARTÍNEZ DE AGUIRRE, C., *op. cit.*, p. 38.

158 MANGAS MARTÍN, A., *op. cit.*, p. 7, señala que los niños en todos los textos jurídicos e internacionales tienen una especial protección. No basta con una remisión al régimen general de protección de los derechos humanos, sino que se precisa una especial protección.

159 GETE-ALONSO Y CALERA, M. del C. y SOLÉ RESINA, J., "Mujer y patrimonio (el largo peregrinaje del siglo de las luces a la actualidad)", *Anuario de derecho civil, 67*, 3, 2014, pp. 765-894.

normativas desdoblando a la persona menor de edad en la respuesta frente a ella cuando entra en conflicto con la ley penal?

Para tratar de responder a esta interrogante, partiremos de la relación de la madurez con una cuestión básica y fundamental en materia de menores, esto es la edad mínima por debajo de la cual se considera a una persona menor de edad como no responsable ante la justicia juvenil y la edad máxima que delimita su paso a la justicia adulta.

2.2. El menor en conflicto con la ley penal

La edad tiene repercusión para determinar la responsabilidad penal, la edad mínima para esta será aquella por debajo de la cual una persona menor de edad no se considera penalmente responsable de sus actos. Se entiende que esta con determinados años no tiene una capacidad para entender las consecuencias de sus acciones u omisiones, por lo cual no se le puede exigir responsabilidad por la comisión de un ilícito penal. Esa capacidad, en Derecho Penal se analiza en la culpabilidad, a través de la imputabilidad que como sabemos involucra dos competencias: la capacidad de *comprender* el injusto del hecho, esto es la comprensión del carácter ilícito de la conducta y la capacidad de *dirigir* su actuación conforme a esta comprensión[160].

---

160 Sobre el concepto de imputabilidad y su vinculación con la estructura de los procesos cognitivos del sujeto, MARTÍNEZ GARAY, L., *La imputabilidad penal*, Tirant lo Blanch, Valencia, 2005, p. 365, la define como la "exigibilidad de conducta a derecho por no encontrarse alterada de manera relevante la estructura de los procesos psíquicos —cognitivos y afectivos— de la decisión de voluntad que dio lugar a la realización del delito". Para la autora la diferencia entre imputables o inimputables, radica en el proceso motivacional, pero no en la idea de los motivos o las causas concretas de la misma, sino en el "proceso psíquico de motivación". Valorando esta perspectiva: CASANUEVA SANZ, I., *La incidencia del consumo de drogas en la imputabilidad*, Aranzadi, Navarra,

Partiendo de esto surgen preguntas respecto a dicha capacidad: (a) ¿Cuándo se adquiere dicha capacidad?, (b) ¿Qué edad establece la legislación respecto a dicha capacidad? y (c) ¿Cómo debe ser valorada por el juez dicha capacidad? La primera tiene relación con el punto de vista psicológico, la segunda con la edad que se fija en el Derecho positivo y la tercera con el análisis de la imputabilidad del menor.

El cuándo se adquiere (a), ya lo hemos analizado cuando estudiamos la perspectiva psicológica. De forma sintética podemos decir que si bien durante la adolescencia media los sujetos tienen herramientas cognitivas similares a los adultos, lo cierto que no hay certeza de que puedan tomar decisiones racionales, derivado de factores socioemocionales. Dichos factores están condicionados por el desfase que se da, al madurar de forma precoz el sistema vinculado con los impulsos y ser más lento el sistema que lo controla. De ahí que es claro que la forma de res-

---

2019, pp.134-135. Por su parte, PÉREZ DEL VALLE, C., "Imputabilitas y teoría de la imputación", *Indret: Revista para el análisis del Derecho,* 5, 2015, pp. 13 y 25, disponible en <https://indret.com/wp-content/themes/indret/pdf/1128.pdf> [Consulta: 12/10/2025], indica que: "La conclusión debe situarse en este marco, que se define cuando se indica que imputabilidad (imputabilitas) o capacidad de imputación es un concepto idéntico al de capacidad de culpabilidad: imputable es quien es reconocido como sujeto de razón práctica y, por tanto, capaz de comprender unas determinadas normas, de emitir un juicio sobre ellas y de ajustar su conducta a su contenido". Es así como la imputabilidad o no, depende de la capacidad individual del control de la conducta del sujeto, en este sentido "sólo son relevantes en el derecho penal los comportamientos en los que la norma jurídica podía ser el motivo dominante, y ello depende de la capacidad individual de control de la conducta. El inimputable lo es porque normativamente no se le reconoce esta capacidad; el juicio normativo indica que, en los casos de inimputabilidad, no hay garantía de que las normas puedan actuar como motivación dominante, en la medida que no se reconoce "potencialidad de juicio sobre lo ilícito".

ponder frente al menor en conflicto con la ley penal no puede ser igual que la de un adulto. Tomando en cuenta que ya hemos dado argumentos al respecto, ahora nos centraremos en (b) lo que señala la legislación respecto a la edad para ser responsable penalmente conforme a un sistema penal juvenil. El punto (c), cómo debe ser valorada por el juez dicha capacidad, no será objeto de este trabajo, no obstante haremos una pequeña reflexión final que marcará una línea futura para seguir estudiando el tema.

2.2.1. ¿El cuándo?: la edad de responsabilidad penal del menor

A) La edad y los criterios para determinar su imputabilidad

El origen de una respuesta diferente frente a la persona menor de edad que delinque, lo podemos ubicar en el Derecho Romano, el cual ya consideraba que la edad tenía influencia en la penalidad. Se entendía que los sujetos menores de nueve (mujeres) o diez años y medio (hombres) no tenían consciencia del Derecho y voluntad criminosa, por lo cual no podían ser responsables penalmente. A partir de dicha edad, hasta los doce (mujeres) y catorce años (hombres), se valoraba su discernimiento[161]; si obraba con este, se le podría hacer responsable penalmente atenuándole la pena en razón de la edad, si no lo tenía, estaba exento de dicha responsabilidad. De ahí que se señale que los romanos plantearon el criterio del discernimiento, a través del cual, en determinadas edades, se hacía una valoración de la madurez, para determinar si un menor podría ser o no responsable penalmente[162].

---

161 La variación de dicha edad, en atención al género, sin duda favorecía a la mujer reconociendo su madurez para exigirle una eventual responsabilidad pero no para ser acreedora de derechos como de hecho la historia ha demostrado.

162 El punto de partida, por el que el estudio de la madurez intelectual determina la responsabilidad de los menores, tuvo su origen en el Derecho Romano, así lo señala PÉREZ-VITORIA MORENO, O., "El

Por otra parte, el Derecho español antiguo, a través de las Siete Partidas de Alfonso X (1290), consideraba que a los sujetos menores de diez años y medio no se les podría acusar de ningún delito. Desde esta edad hasta los diecisiete, se les estimaba responsable pero se les atenuaba la pena en razón de la edad. De esta forma se estableció el criterio biológico o cronológico, el cual, alcanzada una determinada edad, ya no se valoraba la madurez para determinar si un menor podría ser responsable penalmente o no, sino que se establecía como factor objetivo una edad concreta, a partir de la cual se consideraba que el menor podría ser responsable.

Si nos damos cuenta, en estos dos modelos hay una edad en la que no se es responsable penalmente, pero hay otra en la que los criterios se apartan. En el modelo romano se apuesta por el criterio subjetivo del discernimiento valorando la madurez del menor, en el de las Siete Partidas se parte de un criterio objetivo, este es la edad para valorar si se le puede exigir responsabilidad penal. Al margen de la evolución que tuvo después el Derecho Penal reconociendo a la persona menor de edad como un sujeto al que su individualidad hacía reconocerle no sólo una atenuación de la pena, sino un sistema específico de respuesta, lo cierto es que estos dos criterios han persistido en el tiempo

---

discernimiento como fundamento de la responsabilidad criminal de los menores", *Anales de la Universidad de Barcelona,* 1940, p. 119. Por otra parte, MOMMSEN, T., *Derecho penal romano,* La Española Moderna, Madrid, 1905, p. 84, al analizar la naturaleza de la investigación del discernimiento en el Derecho Romano, indica que en caso de los *infans* se consideraba que no se requería plantear la investigación respecto de su discernimiento. No obstante, pasada esta edad, se consideraba posible la imposición de la pena, –no siendo fácil en los casos de niños próximos a límites tan bajos de edad– colocándose en todos los casos la cuestión tocante a si el menor había o no tenido discernimiento suficiente al cometer el delito.

para valorar la "imputabilidad del menor" o su capacidad de culpabilidad y hacerle responsable por la comisión de un delito[163].

Concretamente en España se aplica el criterio cronológico, ya que según la *Ley Orgánica 5/2000 del 12 de enero, reguladora de la responsabilidad penal de los menores,* (en adelante LORPM **[TOL110.219]**), que regula el sistema específico para el menor en conflicto con la ley penal, el ámbito subjetivo de la aplicación de dicha normativa son los sujetos entre 14 y menores de 18 años[164]. El criterio objetivo de la edad es el que determina la capacidad para responder frente a este sistema, independientemente de que consideremos que esta determina una presunción *iuris tantum* de imputabilidad. Por ende en el caso que un sujeto entre 14 y menos de 18 años cometiera un delito, este sería considerado imputable bajo una presunción iuris *tantum* conforme al sistema de menores. Esto implica que no sería imputable si se encontrara incurso en alguna de las causales para declararle como tal[165]. De esta forma, se valora su imputabilidad al igual que lo exige el sistema penal adulto, pero dentro de la misma no se toma en cuenta el criterio de madurez.

Por su parte en Alemania, según la *Ley de Tribunales de Menores de 1974*[166], los sujetos entre 14 y menores de 18 años podrán ser

---

163 Entendemos que bajo el modelo de responsabilidad se parte de la imputabilidad del menor, otra cuestión es que esta tenga una valoración *sui generis.*

164 Según el art. 1 de la LORPM "Esta Ley se aplicará para exigir la responsabilidad de las personas mayores de catorce años y menores de dieciocho por la comisión de hechos tipificados como delitos o faltas en el Código Penal o las leyes penales especiales".

165 Igual a lo que sucede en el caso de adultos. Todos los sujetos mayores de 18 años son imputables, salvo que exista una prueba de su inimputabilidad.

166 Según señala VÁZQUEZ GONZÁLEZ, "la Jugendgerichtsgesetz (en adelante JGG) o Ley de Tribunales de jóvenes, de 11 de diciembre de 1974 (BGBl.I, 3427) y en la Erstes Gesetz zur Änderung des Ju-

penalmente responsables, pero de forma condicionada. Se debe demostrar que el menor en el momento de la realización del hecho, atendiendo su desarrollo moral y mental, es lo suficientemente maduro para "comprender lo injusto del hecho y comportarse conforme a esa comprensión"[167]. Es decir, si la persona menor de edad no tiene discernimiento se le aplica medida tutelar, si tiene discernimiento responderá ante el Sistema Penal Juvenil. Para CANO PAÑOS, con la valoración de la madurez del menor, se está reconociendo "una causa de exclusión de la culpabilidad de carácter especial, la cual se añade a los casos de falta de capacidad de culpabilidad por alteraciones psíquicas o mentales".

Independientemente del punto de partida para considerar a un sujeto como imputable frente a un sistema específico, esto es, una edad concreta o su madurez, lo cierto es que hay una edad a partir de la cual las personas menores de edad no son responsables. De este modo, se puede decir que por debajo de la edad mínima que establezca cada Estado para poder exigir su responsabilidad penal, se establece una presunción *iuris et de iure* de inimputabilidad; no se parte de un análisis específico de la madurez del menor, sino de un criterio objetivo de la edad. Por esto se puede decir que por debajo de una edad el criterio que opera siempre será el cronológico.

Por otra parte, superada dicha edad, se valorara su imputabilidad bajo una presunción *iuris tantum* y según el sistema de

---

gendgerichtsgesetzes (en adelante JGGÄNDG) o primera Ley para la modificación de la Ley de Tribunales de jóvenes, de 30 de agosto de 1990 (BGBl.I, 1853)". VÁZQUEZ GONZÁLEZ, C., *Derecho penal juvenil europeo*, Dykinson, Madrid, 2005, p. 111.

167 El § 3.1 de la JGG establece que el menor "es penalmente responsable si en el momento del hecho, según su desarrollo moral y mental, es suficientemente maduro para comprender lo injusto del hecho y comportarse conforme a esa comprensión". Jugendgerichtsgesetz (JGG), de 11 de diciembre de 1974(BGBI.I S. 3427). [Ley de Tribunales de Menores]. *Vid.* CANO PAÑOS, M. A., "La desaparición de la delincuencia infantil en España...", *op. cit.*, p. 73.

que se trate, la madurez tendrá distinta relevancia. En el modelo cronológico se partirá de una presunción de imputabilidad en la que la madurez en principio no tendrá un específico análisis como causa de inimputabilidad porque se presume la madurez, es una presunción política de responsabilidad penal. Se estudiará su imputabilidad pero su afectación será por las mismas causas que afectan al adulto. En el modelo mixto con análisis del discernimiento se partirá que los menores en una edad concreta, la madurez será una causa adicional de examen de su imputabilidad. Se analiza el caso particular, así como sucede en el ámbito del Derecho Civil, con el menor maduro, al cual se le valora en sus circunstancias individuales

Conforme a lo anterior podemos señalar dos puntos. En primer lugar, existe un límite mínimo y máximo de responsabilidad penal ante un sistema juvenil y en segundo lugar, dentro de esos límites, la forma en cómo se valore la madurez tendrá una repercusión diferente según se trate del modelo cronológico o del discernimiento. Desarrollemos estas ideas partiendo de un análisis de la edad mínima y máxima en el *corpus iuris* internacional, el cual nos servirá para determinar si España sigue las directrices internacionales al respecto.

B) Los límites mínimos y máximos de edad de responsabilidad penal en el *corpus iuris* internacional

En España y Alemania, se parte de una edad mínima de los 14 años, pero hay otros Estados que la ubican debajo de ella. A título de ejemplo, en países del Caribe: Trinidad y Tobago se establece la edad de 7 años, Antigua y Barbuda, Santa Lucía y San Vicente y las Granadinas, los 8 años. A nivel europeo, Francia la establece a los 13 y Reino Unido a los 10 años con la excepción de Escocia, donde la edad son los 12 años[168]. Ante tal diversidad,

168 Al respecto CIDH. *Justicia juvenil y derechos humanos en las Américas,* Informe anual 2011, de la Relatoría sobre los Derechos de la niñez. OEA/

nos surge una pregunta: ¿existe algún instrumento internacional que sirva de guía para los Estados a la hora de fijar esos límites mínimos y máximos?, ¿si se ha fijado, ha tomado en cuenta los estudios psicológicos que hemos referido?

Al respecto, analicemos lo que establece el *corpus iuris* internacional[169] en materia de infancia. Para lo que tomaremos en cuenta, por una parte, (a) lo que tiene que ver con el bloque emanado de las Naciones Unidas y por otro, (b) el contexto Europeo derivado del Consejo de Europa y la Unión Europea. ¿Qué señalan dichos marcos sobre la edad mínima y máxima de responsabilidad?

a) En el marco de las Naciones Unidas

A nivel de las Naciones Unidas existen instrumentos normativos como la referida Convención sobre los Derechos del niño de 1989[170] y declaraciones de las Naciones Unidas sobre el tema[171],

---

Ser.L/V/II. Doc. 78. 13 julio 2011, p. 14, señala que "en Granada, Trinidad y Tobago y algunos estados de Estados Unidos, los niños de 7 años pueden infringir las leyes penales". También refiere datos sobre edades mínimas de responsabilidad penal en estos países, CANO PAÑOS, M. A., "La desaparición de la delincuencia infantil en España...", *op. cit.*, p. 81.

169 Esto es conjunto de normas fundamentales en materia de garantía de los derechos humanos de la infancia. CIDH, *Ibidem*, p. 5.

170 La Convención ha sido calificada como una declaración más posibilista que ambiciosa, por el mismo marco heterogéneo de la ONU, que establece formulas *soft law*, en este sentido: MANGAS MARTÍN, A., *op. cit.*, pp. 10 y 11. Por lo anterior, considera la autora que no se establecen obligaciones exigibles a los poderes públicos, si cláusulas limitativas que roden diversos derechos sociales, económicos que además relativizan las obligaciones de los Estados. Pese a lo anterior, lo cierto es que no podemos desconocer que es un marco de referencia fundamental sobre menores.

171 Como por ejemplo las *Reglas de Beijing de 1985, las Reglas de la Habana y las Directrices Riad,* ambas de 1990, referenciadas supra en la nota 104; así como *las Reglas Mínimas de Naciones Unidas sobre las medidas no privativas de libertad (Reglas de Tokio), adoptadas y proclamadas por la Asamblea General en su resolución 45/110, de 14 de diciembre de 1990,*

al igual que instrumentos interpretativos como las Observaciones Generales dictadas por el Comité de los Derechos del Niño[172] [173].

De la revisión de dicho marco, podemos señalar que la CDN, tiene disposiciones fundamentales que nos dan la pauta del ámbito subjetivo de la justicia de menores. Por una parte, tenemos el art. 1 de la Convención que establece que: "Para los efectos de la presente Convención, se entiende por niño todo ser humano menor de dieciocho años de edad, salvo que, en virtud de la ley que le sea aplicable, haya alcanzado antes la mayoría de edad" y por otra, su art. 40.3.a) que señala que:

> Los Estados Partes tomarán todas las medidas apropiadas para promover el establecimiento de leyes, procedimientos, autoridades e instituciones específicos para los niños de quienes se alegue que han infringido las leyes penales o a quienes se acuse o declare culpables de haber infringido esas leyes, y en particular: a) El establecimiento de una edad mínima antes de la cual se presumirá que los niños no tienen capacidad para infringir las leyes penales (...).

---

disponible en <https://docs.un.org/es/A/RES/45/110> [Consulta: 26/05/2023] **[TOL307.532]**.

172 Dentro de la Convención sobre los Derechos del niño se estableció el Comité de los derechos del niño, el cual es un órgano de expertos de carácter internacional que "tiene como finalidad vigilar y analizar el progreso que se ha alcanzado en la realización de los derechos de la infancia, así como también sensibilizar y proveer conocimiento sobre los principios y provisiones de la CDN". *Vid.* UNICEF, CENTRO DE INVESTIGACIONES INNOCENTI. *Observaciones Generales del Comité de los Derechos del Niño,* Unicef, Florence, 2006, p. 7. Disponible en <https://bienestaryproteccioninfantil.es/observaciones-generales-del-comite-de-los-derechos-del-nino-2006/ > [Consulta: 15/05/2023].

173 El Comité es el órgano creado por la Convención de los Derechos del Niño (art. 43) que supervisa la aplicación que los Estados parte, hacen de la Convención de los Derechos del niño. Sobre su funcionamiento y composición véase la web institucional <https://www.ohchr.org/es/treaty-bodies/crc> [Consulta: 26/05/2023].

De la lectura de estos preceptos podemos deducir varias cosas. En primer lugar, en la CDN se establece, en principio, los 18 años como el límite de edad superior para la justicia de menores. Compartimos la opinión de MANGAS MARTÍN, en cuanto a que la disposición referida, establece una "ambigua reserva a favor de la ley interna", en el sentido de que los Estados pueden modificar esta edad[174]. Es decir, cabría la posibilidad de que un Estado considerara que la mayoría de edad a efectos de una justicia penal adulta fuera inferior a los 18 —por ejemplo a los 16 años—. En otras palabras pueden establecer que son "ya sí" para aplicar una justicia adulta, en una edad inferior a los 18 años.

Por otra parte, el art. 40.2.b), señala la necesidad de instaurar un sistema específico, para que responda frente a un delito, todo niño, que como hemos indicado comprende en principio, según el art. 1, a todo sujeto por debajo de 18 años. En segundo lugar, no se señala una edad mínima para presumir la capacidad del menor para infringir la ley penal, ya que sólo se limita a indicar la necesidad de que esta exista. Analicemos ambos aspectos, comenzando por cuestiones metodológicas por la edad mínima y luego, por la máxima; para ello tomaremos en cuenta diferentes instrumentos del *corpus iuris* internacional a nivel de las Naciones Unidas.

i) Edad mínima

Como lo señalamos, en la CDN, no se hace referencia a una edad mínima a partir de la cual un menor puede ser responsable penalmente. No obstante, en otro instrumento internacional ya se había referido el tema. Es el caso de las *Reglas mínimas de las Naciones Unidas para la administración de la justicia de menores (Reglas de Beijing) de 1985*[175], que en su art. 4,1 señalan: "En los sistemas

---

174 MANGAS MARTÍN, A., *op. cit.*, p. 9.

175 Sobre las Reglas de Beijing MANGAS MARTÍN, A., *ibídem*, p. 10, considera que las mismas ya habían alcanzado un gran nivel técnico en materia de garantías penales, respecto a los menores en conflicto con la ley penal.

jurídicos que reconozcan el concepto de mayoría de edad penal con respecto a los menores, su comienzo no deberá fijarse a una edad demasiado temprana habida cuenta de las circunstancias que acompañan a la madurez emocional, mental e intelectual". Por consiguiente, la edad que se fije no debe ser demasiado temprana, debiéndose tomar en cuenta la madurez del menor. Dichas reglas nos dan una pauta según la cual, la capacidad para infringir normas debe atender no sólo a la edad sino también a la madurez emocional, mental e intelectual, lo cual se corresponde con lo que hemos señalado desde la psicología respecto a las vertientes cognitiva y socioemocional de la misma. No obstante, ¿a nivel de las Naciones Unidas, se establece una edad o se precisa algo respecto a la madurez en materia de justicia juvenil?

Tenemos claro que ni la CDN, ni las reglas de Beijing establecen una edad mínima de responsabilidad penal, limitándose a establecer que la misma no debe ser muy baja y debe atender a la madurez del menor. La CDN es un tratado internacional de derechos humanos de menores que constituye un instrumento vivo que deben ser interpretado "evolutivamente"[176],

---

[176] En este sentido: la CIDH, *Justicia juvenil y derechos humanos en las Américas, op. cit.*, p. 14, nota 47, se remite al pronunciamiento dado por la Tribunal Europeo de Derecho Humanos, en la Sentencia 5856/72 25 de abril de 1978 CASO TYRER [TEDH-20] (disponible en <https://hudoc.echr.coe.int/eng?i=001-165149> [Consulta: 17/09/2025]). El Tribunal recuerda además que el Convenio es un instrumento vivo que hay que interpretar —la Comisión lo ha puesto de manifiesto debidamente— a la vista de las actuales circunstancias de vida. Por su parte PULIDO, M. C. y BLANCHARD, M., "La Comisión Interamericana de Derechos Humanos y sus mecanismos de protección aplicados a la situación de los refugiados, apátridas y solicitantes de asilo", p. 3, nota 6, Disponible en <https://www.acnur.org/fileadmin/Documentos/BDL/2014/2578.pdf> [Consulta: 15/05/2023], señalan que: "la Corte Interamericana estableció que 'una interpretación evolutiva de los derechos humanos es consecuente con las reglas generales de interpretación de los tratados y que los tratados de derechos humanos

adecuándose a los tiempos y a las condiciones actuales de vida[177] [178].

---

son instrumentos vivos, cuya interpretación tiene que acompañar la evolución de los derechos humanos como instrumentos vivos'. (Serie A No. 1.Corte I.D.H., 'Otros Tratados' Objeto de la Función Consultiva de la Corte (art. 64 Convención Americana sobre Derechos Humanos). Opinión Consultiva OC1/82 del 24 de septiembre de 1982.)". De igual forma en FAÚNDEZ LEDESMA, H., *El sistema interamericano de Protección de los Derechos Humanos. Aspectos institucionales y procesales*, 3ª revisada y puesta al día, Instituto Interamericano de Derechos Humanos, San José, Costa Rica, 2004. Disponible en <https://www.corteidh.or.cr/tablas/23853.pdf> [Consulta: 15/05/2023].

177 Así lo refiere FAÚNDEZ LEDESMA respeto a la *Convención América sobre Derechos Humanos* como tratado de derechos humanos, *Ibidem*, p. 90. Por lo cual sus argumentos serían trasladables al ámbito de la *Convención de los Derechos del Niño,* dado que es un tratado de derechos humanos del niño. De este modo se contempla en la web del Consejo de Europa en un resumen no oficial: "La Convención sobre los Derechos del Niño (CRC) es el instrumento de los derechos humanos más aceptado universalmente, ratificado por todos los países del mundo excepto dos. La convención incorpora todo el rango de derechos humanos —civiles, políticos, sociales y culturales— de los niños en un único documento". COUNCIL OF EUROPE, *La Convención de los Derechos del Niño (Resumen no oficial).* [en línea] <https://www.coe.int/es/web/compass/convention-on-the-rights-of-the-child> [Consulta: 15/05/2023].

178 Dicha interpretación evolutiva sigue la línea de las reglas de interpretación de los tratados de la *Convención de Viena de 1969,* A/CONF.39/27. Disponible en <https://www.refworld.org/es/leg/trat/onu/1969/es/73676> [Consulta: 26/05/2023]. Al respecto en el art. 31 de la Convención de Viena, señala que la interpretación debe hacerse teniendo en cuenta su objeto y su fin, y por otra parte, en el párrafo 3.b del mismo art. 31 señala "toda práctica ulteriormente seguida en la aplicación del tratado por la cual conste el acuerdo de las partes acerca de la interpretación del tratado". En este sentido, ¿se podría entender que las Observaciones generales responden a una interpretación evolutiva? Finalmente el Comité fue creado por la propia CDN y se le dio la función de supervisar los progresos en el cumplimiento de las obligaciones del tratado contraídas por los Estados (art. 43.1 CDN). Por otro lado es interesante verificar si eso es así,

En esa línea, las Observaciones Generales del Comité de los Derechos del Niño[179] (en adelante OGCDN), vienen a jugar un papel fundamental, ya que constituyen una interpretación de la CDN, realizada por el órgano experto creado por la misma, y que son promulgadas periódicamente[180]. En esta medida el Comité, ha establecido directrices de cómo deben interpretarse las disposiciones de la Convención en materia de responsabilidad penal del menor de 18 años, en un marco que toma como referencia sus derechos humanos. En este sentido, las OGCDN son importantes por dos razones. En primer lugar, porque tratan de precisar a qué se refieren con madurez y en segundo lugar, porque establecen guías para determinar la edad mínima de responsabilidad penal.

Respecto a lo primero, como lo referimos *supra* en la *Observación General Nº 12, de 20 de julio de 2009, sobre el derecho del niño a ser escuchado* (en adelante OG 12), el Comité entiende que la madurez hace referencia a "la capacidad de comprender y evaluar las consecuencias de un asunto determinado"[181]. En el contexto de justicia juvenil lo podemos identificar con la capacidad

---

porque también se ha tener en cuenta el inconveniente que representan las reservas a la Convención. Según el art. 51.2 CND pueden existir reservas siempre y cuando no afecte el objeto y propósito de la convención. Esto es interesante de estudiar.

179 Sobre el contenido de las 17 Observaciones Generales emitidas entre desde 2001 hasta el 31 de octubre de 2014, se puede consultar UNICEF, DIF Nacional México. *Observaciones Generales del Comité de los Derechos del Niño,* México, D.F.: Unicef, 2014. Disponible en <https://bienestaryproteccioninfantil.es/observaciones-generales-del-comite-de-los-derechos-del-nino-2014/> [Consulta: 26/05/2023]. Tómese en cuenta que el Comité fue creado por la propia Convención con el objeto de supervisar la aplicación de la Convención.

180 Hasta septiembre de 2025 se han realizado 26 Observaciones Generales. Disponible en <https://www.ohchr.org/es/treaty-bodies/crc/general-comments> [Consulta: 20/09/2025].

181 Respecto a la madurez, *supra* ya habíamos referido que de acuerdo a la OG 12, entre mayores sean los efectos del resultado en la vida de

de comprender la conducta antijurídica y de obrar conforme a dicha comprensión. En efecto, se tendrá madurez cuando se pueda comprender que una conducta es delito y actuar en razón de dicha comprensión, asumiendo de esta forma sus consecuencias.

Respecto a lo segundo, la *Observación General Nº 10, 25 de abril de 2007, sobre los derechos del niño en la justicia de menores* (en adelante OG 10) y *Observación General Nº 24, 18 de septiembre de 2019, relativa a los derechos del niño en el sistema de justicia juvenil* (en adelante OG 24)[182], analizan el tema de la edad mínima. En la OG 10, el Comité estableció dos puntos fundamentales de discusión sobre la edad mínima de responsabilidad penal. En primer lugar, señaló que no era acorde con la Convención, establecer excepciones a la edad mínima de responsabilidad penal del menor, analizando la madurez. Es decir, que para el Comité, la Convención exige que deba existir una edad mínima de responsabilidad, que tome como único criterio objetivo la edad y que por debajo de ella no quepa hacer uso de excepciones amparadas en la madurez del menor, aunque se trate de un delito grave. Según explica el Comité, los niños que no han cumplido la edad de mínima de responsabilidad penal "no podrán considerarse responsables en un procedimiento penal". Por ello, rechaza que se aplique el criterio de madurez por debajo de una edad mínima de responsabilidad penal.

En otras palabras, la interpretación que el Comité de los Derechos del Niño hace de la Convención, parte de que debe existir

---

los niños, con mayor razón se debe hacer una correcta evaluación de esta, sin duda la responsabilidad penal es una de ellas.

182 Dentro de la CDN se estableció el Comité de los derechos del niño, el cual es un órgano de expertos de carácter internacional que "tiene como finalidad vigilar y analizar el progreso que se ha alcanzado en la realización de los derechos de la infancia, así como también sensibilizar y proveer conocimiento sobre los principios y provisiones de la CDN". UNICEF, CENTRO DE INVESTIGACIONES INNOCENTI, *op. cit.*, p. 7.

una edad mínima de responsabilidad penal, a partir de la cual, se presumirá la capacidad de culpabilidad del menor, pero por debajo de dicha edad, nunca cabrá prueba en contrario vinculada con la madurez, no importando que se trate de un delito grave[183]. Esto no es nada nuevo, el Derecho Romano y el Derecho español antiguo, ya lo referían como lo hemos señalamos. Lo que pasa es que sin duda, la precisión de que no cabe analizar la madurez por debajo de dicha edad, hecho por la interpretación del organismo supervisor del tratado más importante en materia de derechos humanos de los menores, marca una pauta fundamental para todos los Estados vinculados con la CDN.

En segundo lugar, respecto a cuál debe ser esa edad mínima de responsabilidad penal, indica la OG 10, que no es internacionalmente aceptable establecer una edad inferior a los 12 años[184],

---

183 "El Comité desea expresar su preocupación por la práctica de prever excepciones a la EMRP, que permite la aplicación de una edad mínima menor a efectos de responsabilidad penal en los casos en que, por ejemplo, se acuse al niño de haber cometido un delito grave o cuando se considere que el niño está suficientemente maduro para considerársele responsable penalmente. El Comité recomienda firmemente que los Estados Partes fijen una EMRP que no permita, a título de excepción, la utilización de una edad menor." OG 10, p. 12, párrafo 34. En la misma línea, CIDH, *Justicia juvenil y derechos humanos en las Américas,* p. 14, puntos 50 y ss.

184 "En la regla 4 de las Reglas de Beijing se recomienda que el comienzo de la EMRP no deberá fijarse a una edad demasiado temprana, habida cuenta de las circunstancias que acompañan la madurez emocional, mental e intelectual. De acuerdo con esa disposición, el Comité ha recomendado a los Estados Partes que no fijen una EMRP demasiado temprana y que si lo han hecho la eleven hasta un nivel internacionalmente aceptable. Teniendo en cuenta estas recomendaciones, cabe llegar a la conclusión de que el establecimiento de una edad mínima a efectos de responsabilidad penal inferior a 12 años no es internacionalmente aceptable para el Comité. Se alienta a los Estados Partes a elevar su EMRP a los 12 años como edad mínima absoluta y que sigan elevándola". OG 10, p. 12, párrafo 32.

por lo cual dicha edad sería la edad con capacidad para infringir el delito, que nosotros hemos identificado con la capacidad de culpabilidad. Es más, el Comité promueve que dicha edad se siga elevando, señalando que:

> La fijación de la mayoría de edad penal a un nivel más alto, por ejemplo 14 o 16 años, contribuye a que el sistema de la justicia de menores (…) trate a los niños que tienen conflictos con la justicia sin recurrir a procedimientos judiciales, en el entendimiento de que se respetan plenamente los derechos humanos y las garantías legales[185].

Pese a lo anterior, lo cierto es que el Comité en 2007, consideró los 12 años como la edad internacionalmente aceptable para exigir responsabilidad a los menores ante la Justicia Juvenil. Al respecto, resulta interesante lo señalado por la Comisión Interamericana de Derechos Humanos a través de la Relatoría sobre los Derechos de la Niñez en su informe de 2011, en la que manifestó su preocupación, por una edad tan baja, indicando que varios Estados del mundo ya había elevado dicha edad[186].

---

185 OG 10, p. 12, párrafo 33.

186 De igual forma consideró que las políticas de los Estados que estaban impulsando medidas de disminución de la edad mínima de responsabilidad penal, contrariaban los estándares internacionales sobre el tema y el principio de no regresividad. CIDH. *Justicia juvenil y derechos humanos en las Américas*, *op. cit.*, p. 15, punto 50. Estimando que todos los progresos que se den en el ámbito de protección de derechos humanos son irreversibles, por lo cual se pueden expandir, más no limitar. CIDH. *ibídem,* p. 44, puntos 139 y ss. Sobre este tema BARQUERO, B., "Una mirada al principio de no-regresividad en los derechos humanos de las personas menores de edad: prohibición de reducir la edad mínima de responsabilidad penal", *Revista Jurídica IUS Doctrina, 9*, 14, 2016, p. 20. Disponible en <https://revistas.ucr.ac.cr/index.php/iusdoctrina/article/view/25249>, [Consulta: 30/05/2023]., señala que: "Una de las normas principales que plasma el Principio de No-Regresividad en materia de derechos humanos es el art. 29 de la Convención Americana sobre Derechos Humanos, el cual determina: «Artículo 29. Normas de Interpretación. Ninguna disposición de

Años más tarde, el Comité se pronunció de forma más contundente en la OG 24, relativa a los derechos del niño en el sistema de justicia juvenil, indicando que la edad a efectos penales deben ser los 14 años. Lo interesante en esta ocasión, es que se recurre a argumentos que ya hemos analizado en la perspectiva psicológica de la madurez. Según describe:

> Las pruebas documentadas en los campos del desarrollo infantil y la neurociencia indican que la madurez y la capacidad de pensamiento abstracto todavía están evolucionando en los niños de 12 a 13 años, debido a que la parte frontal de su corteza cerebral aún se está desarrollando. Por lo tanto, es poco probable que comprendan las consecuencias de sus acciones o que entiendan los procedimientos penales[187].

De este modo, contundentemente rechaza los 12 años, e incluso los 13 años como internacionalmente aceptables, a partir de todo lo que hemos señalado en la perspectiva psicológica. Según explica el Comité, la adolescencia "es una etapa singular de definición del desarrollo humano caracterizada por un rápido desarrollo del cerebro, lo que afecta a la asunción de riesgos, a ciertos tipos de toma de decisiones y a la capacidad de controlar los impulsos". De esta forma, reconoce una maduración más tardía del sistema que

---

la presente Convención puede ser interpretada en el sentido de: a) permitir a alguno de los Estados Partes, grupo o persona, suprimir el goce y ejercicio de los derechos y libertades reconocidos en la Convención o limitarlos en mayor medida que la prevista en ella; b) limitar el goce y ejercicio de cualquier derecho o libertad que pueda estar reconocido de acuerdo con las leyes de cualquiera de los Estados Partes o de acuerdo con otra convención en que sea parte uno de dichos Estados; c) excluir otros derechos y garantías que son inherentes al ser humano o que se derivan de la forma democrática representativa de gobierno, y d) excluir o limitar el efecto que puedan producir la Declaración Americana de Derechos y Deberes del Hombre y otros actos internacionales de la misma naturaleza »".

187 OG 24, p. 7, párrafo 22.

controla los impulsos, por lo cual señala que la edad de responsabilidad penal debe ser como mínimo los 14 años, pues:

> [...] las pruebas obtenidas en los ámbitos del desarrollo y la neurociencia indican que los cerebros de los jóvenes continúan madurando incluso más allá de la adolescencia, lo que afecta a ciertos tipos de toma de decisiones. Por consiguiente, el Comité encomia a los Estados parte que tienen una edad mínima de responsabilidad penal más elevada, por ejemplo 15 o 16 años, e insta a los Estados partes a que no la reduzcan en ninguna circunstancia, de conformidad con el artículo 41 de la Convención[188].

Reconoce, como lo hemos referido en la perspectiva psicológica, que el desarrollo cerebral del menor es un proceso largo, por lo cual la fijación de una edad de responsabilidad por el delito cometido por este, debe ajustarse a ello, estableciendo como edad mínima los 14 años.

ii) Edad máxima

Como ya lo señalamos la CDN establece, en principio, como edad máxima de responsabilidad ante la justicia juvenil, los 18 años. En efecto, tal como señalamos *supra*, podría ser una edad inferior a los 18 años, si los Estados así lo establecen, lo cual indicamos es una reserva que la doctrina ha calificado como "ambigua". Ahora bien, ¿qué han señalado las OGCDN sobre el tema? Nos referiremos a las OG 10 y OG 24 que analizan el tema más detalladamente, y a la *Observación General N° 20, 6 de diciembre de 2016, sobre la efectividad de los derechos del niño durante la adolescencia* (en adelante OG 20). En la OG 10, se indicó:

El Comité desea recordar a los Estados Parte que han reconocido el derecho de todo niño de quien se alegue que ha infringido las leyes penales o a quien se acuse o declare culpable de haber infringido esas leyes a ser tratado de acuerdo con las

---

188 OG 24, p. 7, párrafo 22, *in fine*.

disposiciones del artículo 40 de la Convención. Esto significa que toda persona menor de 18 años en el momento de la presunta comisión de un delito debe recibir un trato conforme a las normas de la justicia de menores[189].

Dicha observación tiene repercusiones fundamentales, pues sería contrario al espíritu de la Convención, si la legislación de un país que haya ratificado la misma, estableciera la aplicación de la legislación penal adulta a sujetos de menos de 18 años, ya sea porque establece un ámbito subjetivo que así lo señale o porque refiera excepciones como su aplicación a menores de 18 años por la comisión de delitos graves[190]. En este sentido, la Comisión Interamericana de Derechos Humanos, ha señalado que la aplicación a menores de un sistema ordinario de justicia supone la negación de la condición de niño y la violación de sus derechos, concretamente el derecho de no discriminación del art. 2 y el principio del interés superior del niño del art. 3 de la CDN.

En esta línea, la OG 10[191] encomia la labor de los Estados que han previsto estas limitaciones de forma general o como excepción para personas mayores de 18 años, incluso hasta los 21. En el mismo sentido se pronuncia la OG 20, exhortando a

---

189 OG 10, p. 13, párrafo 37.

190 En este sentido se pronuncia con preocupación la CIDH. *Justicia juvenil y derechos humanos en las Américas, op. cit.*, p. 12, punto 41. Enuncia como en Bolivia lo niños son imputables desde los 16 años, 13 estados de Estados Unidos el límite superior para la justicia juvenil es interior a 18. Connecticut, Carolina del Norte y Nueva York niños mayores de 15 años son procesados como adultos.

191 "(…) el Comité recomienda a los Estados Parte que limitan la aplicabilidad de las normas de la justicia de menores a los niños menores de 16 años, o que permiten, a título de excepción, que los niños de 16 ó 17 años sean tratados como delincuentes adultos, que modifiquen sus leyes con miras a lograr la plena aplicación, sin discriminación alguna, de sus normas de justicia de menores a todas las personas menores de 18 años". OG 10, p. 13, párrafo 38.

los Estados a que mantengan la mayoría de edad penal a los 18 años[192] y la OG 24 lo reitera, promoviendo que sea mayor de 18 años ya que "las pruebas obtenidas en los ámbitos del desarrollo y la neurociencia, que demuestran que el desarrollo cerebral continúa en los primeros años tras cumplir los 20". De este modo, el Comité viene a realizar una interpretación acorde con los avances científicos que referimos en la perspectiva psicológica.

Por otra parte señala que: "Los sistemas de justicia juvenil también deben ampliar la protección a los niños que eran menores de 18 años en el momento de la comisión del delito pero que alcanzan esa edad durante el juicio o el proceso de imposición de la pena"[193]. Es decir, como resulta lógico, si el delito se ha cometido siendo menor, debe ser tratado como tal, pese a que haya adquirido la mayoría de edad durante el juicio o cuando se imponga la pena.

Ahora bien, pese a la claridad con la que se pronuncian las OGCDN respecto al límite de los 18 años para aplicar la justicia de adultos, lo cierto es que la "reserva ambigua" establecida por la CDN permite a los Estados fijar una edad inferior a los 18 años para la justicia "adulta". Por suerte al ser la CDN un instrumento vivo, las OGCDN juegan un papel fundamental de interpretación de esta al tenor de los avances científicos sobre la materia, descartando la posibilidad de la aplicación de la justicia adulta a sujetos menores de 18 años.

***

Una vez analizado lo anterior, podemos decir que las pautas fijadas por las OGCDN en materia de edades mínimas y máximas

---

192 OG 20, p. 23, párrafo 88. Aparte señala en el mismo párrafo la necesidad de prohibir la pena de muerte y la cadena perpetua a toda persona menor de 18 años.

193 OG 20, p. 9, párrafo 31.

de responsabilidad penal ante un sistema juvenil, dan un marco de claridad sobre cómo deben obrar los Estados. Dichas pautas buscan evitar que se dé un desdoblamiento frente a la persona menor de edad, cuestionando prácticas de los Estados que así lo hacen en tres aspectos. En primer lugar, fragmentando al menor, estableciendo una edad mínima de responsabilidad penal ante un sistema juvenil y para determinado casos, alterar dicha edad, analizando su madurez. En segundo lugar, desintegrando al menor, señalando que un sujeto menor de 14 años es responsable penalmente ante un sistema penal juvenil, cuando lo cierto es que su desarrollo cognitivo y socioemocional indican que no tiene la capacidad de conocer la conducta antijurídica y de actuar en consecuencia. En tercer lugar, desdoblando al sujeto menor de 18 años, indicando que pese a su diverso desarrollo cognitivo y socioemocional, debe responder frente a un sistema penal adulto.

b) En el marco Europeo

En el contexto europeo de la Justicia de Menores podemos mencionar dos frentes. Por una parte, la normativa derivada de la Unión Europea y por otra, la del Consejo de Europa. Dada la importante regulación que en esos dos niveles de la Unión Europea se han realizado, he seleccionado la *Directiva (UE) 2016/800 del Parlamento Europeo y del Consejo del 11 de mayo de 2016 relativa a las garantías procesales de los menores sospechosos o acusados en los procesos penales* (en adelante Directiva (UE) 2016/800) **[TOL5.724.666]**. A nivel del Consejo de Europa, he analizado dos sentencias fundamentales del Tribunal Europeo de Derechos Humanos de Estrasburgo (en adelante TEDH), las *Reglas Europeas para infractores menores de edad sometidos a sanciones o medidas del Consejo de Europa de 2008* (en adelante REIM)[194] y *la*

194 *Recomendación CM/R (2008) 11 del Comité de Ministros a los Estados miembros sobre las reglas europeas para infractores menores de edad sometidos a sanciones o medidas*, adoptada por el Comité de Ministros el 5 de noviembre de 2008.

Resolución 2010 (2014) de la Asamblea Parlamentaria del Consejo de Europa, Justicia penal adaptada a los niños: de la retórica a la realidad (en adelante Resolución 2010 (2014)), las cuales son referentes en materia de legislación europea sobre la justicia juvenil.

i) A nivel de la Unión Europea[195]

La Directiva (UE) 2016/800, forma parte de las piezas normativas dirigidas a la construcción del espacio judicial europeo, estableciendo estándares mínimos en la justicia penal juvenil[196]. El objeto de la Directiva según dispone en su considerando 1, es establecer:

> [...] garantías procesales para que los menores, es decir, las personas de menos de 18 años, sospechosos o acusados en procesos penales puedan comprender y seguir dichos procesos,

---

Disponible en <https://www.fiscal.es/documents/20142/157164/Recomendaci%C3%B3n+2008+11.pdf/6801dd9a-89c7-1306-67dd-78bc3963c07d?version=1.1> [Consulta: 08/06/2023].

195 Solo por recordar son 27 estados. En 2020 se retiro Reino Unido.

196 Sobre el marco de dicha Directiva véase DEMETRIO CRESPO, E. y SANZ HERMIDA, Á., "Avances en el reconocimiento de los derechos de los menores sospechosos o acusados en procesos penales: la Nueva directiva 2016/800", *Revista General de Derecho Penal*, 26, 2016, y GARCÍA RODRÍGUEZ, M. J., "Normas mínimas comunes a escala de la Unión Europea para garantizar los derechos de los menores sospechosos o acusados en los procesos penales ¿cómo implementarlas en la ley española de responsabilidad penal del menor?", *La Ley Unión Europea*, 96, 2021. Por otra parte respecto la finalidad de la Directiva, PORTAL MANRUBIA, J., "El fortalecimiento de las garantías procesales en la jurisdicción penal de menores", *Revista Aranzadi Doctrinal*, 4, 2018, considera que "su finalidad es armonizar el enjuiciamiento penal y la orden de detención europea que recae sobre los menores en el ámbito de la Unión Europea (en adelante UE). De esta forma, el reconocimiento mutuo de las resoluciones judiciales que emanan de ambos procesos será una realidad en dicho espacio europeo. Dicha disposición entró en vigor el 10 de junio de 2016 y nuestro legislador debe realizar su transposición antes del 11 de junio de 2019, arts. 24 y 26 DUEGprM".

> a fin de permitirles ejercer su derecho a un juicio justo, prevenir su reincidencia y fomentar su inserción social.

De esta forma se delimitó el ámbito subjetivo, en los sujetos menores de 18 años. Siguiendo la línea de lo desarrollado, analizaremos en la Directiva los límites de responsabilidad penal.

• *Edad Mínima*

La Directiva (UE) 2016/800 en su art. 2.5 señala: "La presente Directiva no afectará a las normas nacionales por las que se establece la edad de responsabilidad penal". Es decir, no establece una edad mínima para que un menor pueda ser sometido a la Justicia Juvenil o ser sujeto a una orden de detención europea. Según diversos autores, con este precepto, la Directiva perdió la oportunidad de dar uniformidad a la edad mínima de responsabilidad penal en la Justicia Juvenil[197]. Con la norma se establece un límite máximo para su aplicación, pero no se determina desde cuándo[198].

Concretamente CRUZ ÁNGELES, señala que si bien la edad mínima es una materia de derecho sustantivo y no procesal, lo

---

197 Véase PILLADO GONZÁLEZ, E., "Implicaciones de la Directiva (UE) 2016/88, relativa a las garantías procesales de los menores sospechosos o acusados en los procesos penales, en la Ley de responsabilidad penal del menor", *Revista General de Derecho Europeo*, 48, 2019, p. 67. La autora señala que además se debía unificar la utilización de un criterio único para la determinación de la minoría de edad, haciendo distinción entre el criterio biológico y de madurez. En este sentido, consideramos que el establecimiento de un criterio único es más complicado dada la tradición jurídica de cada país, lo realmente importante es el establecimiento común de una edad mínima. En la misma línea de considerar que se desaprovechó la oportunidad de armonizar las regulaciones en materia de edad mínima de responsabilidad penal: GARCÍA RODRÍGUEZ, M. J., cit.; CRUZ ÁNGELES, J., "La protección de los derechos de los menores sospechosos o acusados en procesos penales en la Unión Europea", *Ordine Internazionale e diritti umani*, 2, 2017, p. 156.

198 CRUZ ÁNGELES, J., *idem.*

cierto es que la fijación de una edad favorecería la necesaria confianza entre los ordenamientos de los países miembros, que posibiliten la efectividad del reconocimiento mutuo de resoluciones judiciales. En efecto, esto resulta fundamental, dado que la determinación de una edad mínima de responsabilidad penal ante el sistema penal juvenil, trae consigo un marco específico de respuesta, con diferentes garantías y consecuencias, por lo cual si no existe una armonización en este tema, existirían casos que dificultarían el reconocimiento mutuo de resoluciones judiciales que se busca. A título de ejemplo: como en Francia la edad de responsabilidad penal juvenil es los 13 años[199], en caso de que un Juez francés condenara a un menor español y solicitará a un Tribunal español la ejecución de la resolución de la medida impuesta, muy seguramente sería difícil que este accediera a la petición de su homologo galo[200].

• *Edad Máxima*

La Directiva en su art. 3.1, entiende por menor a toda persona menor de 18 años[201], siendo estos el ámbito subjetivo de la regulación, por lo cual en principio, constituyen también el límite máximo de la misma. No obstante, existen otras disposiciones al

---

199 DUNKEL, F., "Edad de imputabilidad penal y jurisdicción de los tribunales juveniles en Europa", *Revista de Estudios de la Justicia*, 22, 2015, p. 33, cita la edad de responsabilidad penal en Francia de 13 años.

200 CRUZ ÁNGELES, J., *op. cit.*, pp. 156-157 y nota 30.

201 De hecho también lo entiende así la *Recomendación (UE) 2023/681 de la Comisión, de 8 de diciembre de 2022, sobre los derechos procesales de las personas sospechosas o acusadas sometidas a prisión provisional y sobre las condiciones materiales de reclusión*, al señalar: " En el marco de la presente Recomendación, se entenderá por «menor» toda persona menor de 18 años". Disponible en <https://www.boe.es/buscar/doc.php?id=DOUE-L-2023-80446> [Consulta: 17/09/2025].

respecto. Concretamente de la lectura del art. 2.3[202], podemos señalar que la edad de 18 años, está referida al momento de cometer el delito, entendiendo que dicha edad es la que determinó que el individuo en cuestión estuviera sometido a dicho proceso. En caso de que posteriormente el sujeto haya alcanzado la mayoría de edad, se le continuará aplicado las disposiciones de la Directiva, siempre y cuando resulten adecuadas a las circunstancias del caso, partiendo de criterios como la madurez y la vulnerabilidad del sujeto. Por lo cual se prevé, la posibilidad de que la Directiva se aplique a sujetos mayores de 18 años, siempre y cuando su madurez y vulnerabilidad lo determine. Por otra parte la regulación indica expresamente, que los Estados pueden decidir no aplicarla a sujetos que hayan cumplido 21 años.

El que se establezcan dichos márgenes, ha sido interpretado como un marco de flexibilidad, ya que existen Estados en donde se posibilita la aplicación a los denominados jóvenes delincuentes, estos son, los sujetos entre 18 y 21 años[203].

---

202 Concretamente señala que las: "personas fueran menores en el momento en que quedaron sujetas a dichos procesos, pero hayan alcanzado posteriormente la edad de 18 años, y la aplicación de la presente Directiva, o de ciertas disposiciones de ella, resulte adecuada habida cuenta de todas las circunstancias del caso, incluidas la madurez y vulnerabilidad de la persona de que se trate. Los Estados miembros podrán decidir que la presente Directiva no se aplique cuando la persona de que se trate haya cumplido los 21 años de edad".

203 DEMETRIO CRESPO, E. y SANZ HERMIDA, Á., *op. cit.*, p. 5. En la aplicación a estos jóvenes delincuentes refiere el caso del sistema juvenil alemán. En la misma línea citando a los autores se refiere GARCÍA RODRÍGUEZ, M. J., cit. De hecho también lo entiende así la Recomendación (UE) 2023/681, al señalar: "74) Cuando proceda, se anima a los Estados miembros a aplicar el régimen de reclusión de menores a los jóvenes delincuentes menores de 21 años".

***

Conforme a lo anterior, podemos entender que en el marco de la UE, no existe una edad mínima de responsabilidad penal frente al sistema juvenil, lo cual puede ser un impedimento para lograr un espacio judicial europeo de justicia juvenil, tal como lo señalamos. No obstante, sí se fija una edad máxima de 18 años, pudiendo ser hasta los 21 —en caso de que las circunstancias de madurez así lo determinarán— para aplicar medidas específicas en materia procesal. Esto supone una apuesta por reconocer las especificidades de la persona menor de edad y su traslado en el ámbito de garantías procesales.

ii) A nivel del Consejo de Europa

A nivel del Consejo de Europa nos centráremos: en el análisis de puntual de jurisprudencia dictada por el TEDH relacionada con Justicia Juvenil[204], las REIM y la Resolución 2010 (2014).

- *Edad Mínima*

El TEDH, es el órgano competente para resolver las demandas individuales o estatales, por violación de los derechos proclamados en el *Convenio para la Protección de los Derechos Humanos y de las Libertades Fundamentales,* más conocido como *Convenio Europeo de Derechos Humanos* (en adelante CEDH)[205]. En este sentido, ha habido

---

204 LIEFAARD, T.; RAP, S. y BOLSCHER, A., *¿Puede escucharme alguien?. La participación de los niños en la justicia juvenil: manual para adecuar los sistemas de justicia juvenil europeos a los menores,* Observatorio Internacional de Justicia Juvenil, Bélgica, 2016, p. 30. Disponible en <https://www.observatoriodelainfancia.es/oia/esp/documentos_ficha.aspx?id=5304> [Consulta: 10/03/2023].

205 Que entró en vigor el 3 de septiembre de 1953 y fue ratificado por España el 4 de octubre de 1979. *Convenio para la Protección de los Derechos Humanos y de las Libertades Fundamentales, hecho en Roma el 4 de noviembre de 1950.* BOE núm. 243, de 10/10/1979 **[TOL164.153].**

interesante jurisprudencia en materia de Justicia Juvenil[206]. Concretamente nos referimos a: la *sentencia (Gran Sala) T. contra Reino Unido, 24724/94 y V. contra Reino Unido, 24888/94, de 16 de diciembre de 1999*, y a la *sentencia S. C. contra Reino Unido, de 15 de junio de 2004.*

La Sentencia T. contra Reino Unido, refleja una decisión sobre un caso estremecedor sucedido en Liverpool en 1992, en el cual dos menores de 10 años secuestraron y asesinaron a un niño de 2 años, a raíz de lo cual fueron condenados. Dicho caso llegó a TEDH, ya que los menores presentaron demandas por violación de varios artículos del CEDH.

Dentro de los argumentos de la demanda, se señalaron varios aspectos: su corta edad, la naturaleza punitiva de la condena que se les impuso y el juicio celebrado en audiencia pública. En su concepto lo sucedido, había supuesto una violación al derecho de no ser sometido a penas o tratos degradantes, establecido en el art. 3 del CEDH. Al respecto el TEDH consideró, que la atribución de la responsabilidad penal a la edad de 10 años, no es por sí misma constitutiva de trato degradante. En primer lugar, porque a nivel europeo, no existe una edad mínima de responsabilidad penal y que si bien 10 años es una edad baja, lo cierto es que existían otros países que la habían fijado más baja aún, como Chipre o Suiza. En segundo lugar, porque ni la Convención ni otros instrumentos como las Reglas de Beijing, establecieron una tendencia clara sobre dicha edad. Por lo cual

---

206 SSTEDH (Gran Sala) 24888/94 y 24724/94, de 16 de diciembre de 1999 (Fondo y satisfacción equitativa). CASOS T. Y V. CONTRA REINO UNIDO. Artículos 3 (Prohibición de tratos inhumanos y degradantes) y 6.1 (Derecho a un proceso equitativo, disponible en <https://hudoc.echr.coe.int/spa?i=001-163700> y STEDH (Sección 4ª) de 15 junio 2004 (Fondo y satisfacción equitativa), CASO S. C. CONTRA REINO UNIDO (Demanda 60958/00), disponible en <https://hudoc.echr.coe.int/spa?i=001-61826> [Consulta: 10/03/2023].

el TEDH no considera que plantear la edad de responsabilidad penal a los 10 años, sea constitutiva de trato degradante.

De igual forma, considera que el hecho de que el juicio se realizará en audiencia pública tampoco implicó un trato degradante, entre otras cosas, porque el proceso no estuvo motivado y no tuvo la intención de humillar. Además, si bien el que fuese público pudo exacerbar los sentimientos de culpabilidad de los menores, el Tribunal no creyó que esto haya causado un grado importante de sufrimiento, más allá del que se hubiera producido por cualquier modalidad escogida por las autoridades.

Un segundo argumento fue la violación del art. 6 del CEDH, dado que los menores fueron privados de un proceso equitativo. Dicho artículo analizado en su conjunto, garantiza el derecho de todo acusado a participar de forma efectiva en el proceso penal que es dirigido contra él. Esta disposición no está protegiendo específicamente a los menores, sino a cualquier persona. Ahora bien, en la sentencia se analiza por primera vez por parte del TEDH si la publicidad, que es una garantía fundamental en procesos de adultos, se debería suprimir en el caso de los niños, con el fin de garantizar la comprensión del proceso y su participación en este.

El Tribunal valoró que en el proceso contra menores de edad por la comisión de un delito, era fundamental que en atención a su grado de madurez, capacidad intelectual y emocional, se tomaran todas las medidas necesarias para que el menor pudiera entender el proceso, como para participar en este. Esto podría implicar que se planteara la realización del proceso a puerta cerrada, con el fin de eliminar los sentimientos de intimidación e inhibición en la persona menor de edad.

En el caso concreto analizado, el TEDH consideró que los formalismos y rituales utilizados por el Tribunal de la Corona, debieron resultar incomprensibles e intimidatorios para los menores. A parte de esto el que se les haya colocado en un banquillo elevado, con el fin de que los demandantes pudieran ver lo que sucedió, aumentó la sensación de incomodidad durante el juicio. En este sentido, el hecho de que los menores estuvieran representados por abogados competentes y con experiencia, se consideró insuficiente a efectos del art. 6.1 CEDH. De esta forma, considera que en razón de la inmadurez y debido al estado de consternación, hizo que fuera poco probable que pudieran colaborar con sus abogados, incluso fuera de la sala, y como resultado los demandantes no gozaron de un proceso equitativo.

Básicamente lo que se señaló con esta sentencia es que la corta edad de responsabilidad penal, no constituye en sí misma una violación del CEDH, siempre y cuando el menor sea capaz de participar realmente en el proceso[207]. No obstante, en nuestra opinión la decisión del TEDH, desdobla a la persona menor de edad, dado que por una parte le considera con la madurez para comprender el ilícito y actuar en consecuencia a sus 10 años, pero por otra, entiende que con esa edad, atendiendo a su inmadurez, era necesario establecer medidas para que pudiera participar en el proceso, en el que le están investigando y por el que puede resultar condenado.

Es decir, le dice al menor de 10 años: eres maduro para infringir la norma, porque el Estado te ha fijado una edad en la que esto se presume, pero igual no vas a entender el procedimiento no sólo por las formalismos sino por la intimidación que este puede implicar y como es necesario que participes efectivamente, porque puedes ser condenado estableceré medidas para ello, para que puedas defenderte. En otras palabras, me da lo mismo si es una corta edad de responsabilidad penal, lo que me interesa es que luego entiendas un proceso al que te someteré, por haber cometido una conducta que sabías que era delito y en la que te representabas las consecuencias.

207 Así lo cita la sentencia S. C. contra Reino Unido, de 15 de junio de 2004, en su apartado 27: "El Tribunal señala ante todo que la imputación de una responsabilidad penal a un niño de once años o el juicio de un niños de esta edad bajo el pero de una acusación en materia penal no constituye en sí mismo una violación del Convenio, desde el momento en que es capaz de participar realmente en el proceso".

En la misma línea la sentencia del TEDH, S. C. contra Reino Unido, 15 de junio de 2004, señala que lo importante es que el menor "comprenda globalmente la naturaleza y lo que se juega en juicio, concretamente el alcance de la pena que se le pueda imponer"[208]. ¿Pero no se supone que cuando asesinó, sabía las consecuencias de sus actos, y ello implicaba que podría prever que se le podía imponer una pena?

Podemos razonar que una forma de comprender el proceso, es la necesidad de un procedimiento adecuado respecto a la persona menor de edad, en el que se atienda su especificidad. No en vano las Directrices del Comité de Ministros del Consejo de Europa para una justicia adaptada a los niños[209], apuestan por la denominada *Child friendly justice*, esto es una justicia accesible para menores. En esta línea, la legitimidad de la justicia procedimental en la delincuencia juvenil, apuesta por escuchar al menor, y ese escuchar pasa por reconocer al otro y emplear un lenguaje no técnico, sino cercano, porque si el menor no entiende por qué se le condena, cómo va a cumplir los fines educativos que eviten que el menor vuelva a delinquir. Se puede señalar, que desde la fecha de la sentencia ha habido un importante progreso en la materia. No obstante, lo que cuestionamos es que obviando que los 10 años es una edad muy baja de responsabilidad penal, porque hay países que la señalan más baja y porque aparte la CDN ni siquiera establece una edad mínima, luego el TEDH centre su calidad de garante de los derechos humanos del CEDH, indicando que lo importante es que pueda participar en el proceso, que pese a su corta edad se le ha iniciado.

Es decir, la inmadurez de los menores, por su corta edad, hizo que ese escenario les impidiera defenderse, pero no obstante estos

---

208 Sentencia S. C. contra Reino Unido, de 15 de junio de 2004, apartado 29.

209 *Adoptadas por el Comité de Ministros el 17 de noviembre de 2010 en la reunión nº 1098 de Adjuntos de los Ministros.* Oficina de Publicaciones, 2015. Disponible en <https://data.europa.eu/doi/10.2838/97437> [Consulta: 12/10/ 2025].

menores de esa edad, eran imputables, con capacidad de entender la conducta ilícita y actuar en consecuencia. ¿Cómo se puede desdoblar a la persona menor de edad, dentro del mismo sistema de Justicia Juvenil? ¿Se podría señalar que un menor de 10 años era consciente de que un secuestro y asesinato era contrario a las normas y podía prever sus consecuencias? Pero es que los estudios en psicología nos señalan que no es así, que un menor de diez años no tiene el desarrollo cognitivo y socioemocional para comprenderlo. Entonces ¿por qué señalamos que sí, pero lo que no comprenderá por su inmadurez, dada su corta edad, es el proceso en ese escenario y la forma de articular debidamente su defensa? Podríamos decir que para la época del fallo, no se tenían los conocimientos que se tienen ahora sobre el desarrollo cognitivo y socioemocional del menor, pero es que en Reino Unido sigue existiendo la edad de 10 años como edad mínima de responsabilidad penal, no obstante, alegrémonos porque ahora tienen más garantías procesales.

Por último, sólo señalar respecto a la edad mínima de responsabilidad penal, que las REIM en sus principios básicos, indican que la edad mínima de imposición de medidas o sanciones por un delito, no podrá ser muy baja. Esto en la misma línea de la CDN. Por otra parte, más precisa es la Resolución 2010 (2014), la cual recomendó los 14 años como la edad mínima de responsabilidad penal, sin admitir excepciones para delitos graves, y en consonancia con lo señalado *supra* por el Comité de los Derechos del Niño, respecto a la imposibilidad de establecer excepciones por criterios diversos a la edad.

- *Edad Máxima*

Las REIM señalan en su regla 21.1, que se considera menor infractor a toda persona menor de 18 años y en su regla 21.2, entiende como joven infractor adulto, a toda persona entre los 18 y los 21 años. Sobre estos últimos, en su regla 17 establece que podrán ser considerados como menores de edad. Así las cosas, si bien se señala la edad máxima de responsabilidad penal juvenil a los 18 años, se prevé la posibilidad de su aplicación a jóvenes de hasta 21 años. Es así como a nivel del Consejo de Europa ya desde 2008, se sigue la senda marcada por el Comité de los Derechos del Niño.

***

Podemos decir que en el contexto del Consejo de Europa existen instrumentos que han recomendado la edad mínima de responsabilidad penal a los 14 años y la edad máxima en los 18 años, estableciendo la posibilidad de llegar a los 21 años, lo cual es conforme a lo enunciado por el Comité de los Derechos del Niño. No obstante, las sentencias referidas de 1999 y 2004 del TEDH, apostaron por una idea de desdoblamiento frente a la persona menor de edad, considerando que un menor de 10 años puede tener la capacidad de culpabilidad, pero no la capacidad para participar de forma efectiva en el proceso que se le inicie, debiéndose favorecer todas las medidas que coadyuven en esa comprensión, porque finalmente puede ser condenado.

Como señalamos, en esto se ha apostado en materia procesal, no obstante en nuestra opinión, una edad como los 10 años, por si misma puede vulnerar el CEDH, porque la participación efectiva en un proceso, sólo se logra en la medida en que el menor tenga un desarrollo cognitivo y socioemocional que le pueda hacer acreedor de su capacidad de culpabilidad, si dicha capacidad se tiene, se podrá lograr una participación efectiva en el proceso. Porque esta se consigue no solo con la de formalismos y la utilización de un lenguaje que haga comprensible el proceso, sino con la consideración de que el proceso mismo, es resultado de tomar en cuenta que el menor tiene una edad en la que se puede plantear su capacidad de culpabilidad. Son aspectos indivisibles, respecto al menor victimario y su desdoblamiento opera de forma interesada para justificar lo injustificable, esto es, que un menor de 10 años tiene la capacidad de culpabilidad frente a un sistema penal juvenil.

Analizado el contexto internacional, ¿cómo se valora la edad mínima y máxima de responsabilidad penal juvenil en España?

2.2.2. *El caso español*

Concretamente en el caso español analizaremos dos aspectos. Por una parte las edades que marcan los límites mínimo y máximo frente a la justicia juvenil, con una referencia al marco de respuesta en los denominados jóvenes y por otra parte una pequeña reflexión sobre la valoración de la imputabilidad *sui generis* del sujeto entre 14 y menor de 18 años.

A) Las franjas de edades: niños, menores y jóvenes

Si bien *supra* ya hemos referido algunas ideas sobre las edades en materia de responsabilidad penal en España, en este acápite trataremos de dar un marco de mayor precisión. El Código Penal español de 1995 (en adelante CP [**TOL223.185**]) establece en su art. 19: "Los menores de dieciocho años no serán responsables criminalmente con arreglo a este Código. Cuando un menor de dicha edad cometa un hecho delictivo podrá ser responsable con arreglo a lo dispuesto en la ley que regule la responsabilidad penal del menor". Por su parte, el art. 69 del CP señala que, a los mayores de 18 años y menores de 21 podrán aplicársele las disposiciones de la Ley Penal del Menor, en los casos y con los requisitos que esta establezca.

Lo anterior supuso, que el Código se remitía a disposiciones de futuro referentes a la responsabilidad penal del menor. En efecto, según la Disposición Final 7 del CP, quedaba exceptuada la entrada en vigor del art. 19 –y por ende del art. 69– hasta que adquirirá vigencia la ley que regulaba la responsabilidad penal del menor a que se refería dicho precepto. Si bien habían existido intentos para crear dicha ley, estos no lograron concretarse, por lo cual a la expedición del CP de 1995, no existía la Ley Penal Juvenil a la que se refería sus arts. 19 y 69 CP. Esto supuso que, a la entrada en vigor del CP, se seguía aplicando la *Ley de 1992*, complementando los arts. 8.2, 9.3, regla 1 del art. 20 y art. 65 del Código Penal de 1973, relativas al menor infractor. Es decir, que se seguía utilizando el límite de la edad penal de los 16 años del CP de 1973 y no el nuevo establecido por el CP de 1995 de los 18 años.

Frente a tal ausencia de normatividad, en 1998 el gobierno presenta un *Proyecto de Ley Orgánica de la Responsabilidad Penal de Menores*, el cual fue finalmente aprobado, expidiéndose la Ley Orgánica 5/2000 del 12 de enero[210]. Con esta ley, se regula de manera completa el sistema penal aplicable a los menores, desplazando el carácter asistemático de la anterior regulación.

Si bien el CP estableció el límite máximo de responsabilidad frente a un sistema específico, fue la LORPM la que indicó el límite mínimo en su art. 1, al indicar: "Esta Ley se aplicará para exigir la responsabilidad de las personas mayores de catorce años y menores de dieciocho por la comisión de hechos tipificados como delitos o faltas[211] en el Código Penal o las leyes penales especiales". Por su parte el art. 3 de la LORPM establece:

> Cuando el autor de los hechos mencionados en los artículos anteriores sea menor de catorce años, no se le exigirá responsabilidad con arreglo a la presente Ley, sino que se le aplicará lo dispuesto en las normas sobre protección de menores previstas en el Código Civil y demás disposiciones vigentes. El Ministerio Fiscal deberá remitir a la entidad pública de protección de menores testimonio

---

210 Mencionada *supra*. Con el *Real Decreto 1774/2004 de 30 de julio*, se aprueba el *Reglamento de la LORPM* **[TOL465.721]**, el cual "complementa algunos aspectos como los relativos a la actuación de la Policía Judicial y del Equipo Técnico y, sobre todo, los relativos a la ejecución de las medidas de internamiento, así como el régimen disciplinario de los centros a modo de reglamento penitenciario". En este sentido lo refiere DÍAZ-MAROTO Y VILLAREJO, J., "La responsabilidad penal del menor y las sanciones aplicables", *Revista Aranzadi de Derecho y Proceso Penal*, 43, p. 121.

211 Según la *Circular 1/2015 de la Fiscalía General del Estado, de 19 de junio, sobre pautas para el ejercicio de la acción penal en relación con los delitos leves tras la reforma penal operada por la LO 1/2015*, **[TOL5.175.786]**, todas las alusiones a faltas deben tenerse sustituidas como delitos leves.

> de los particulares que considere precisos respecto al menor, a fin de valorar su situación, y dicha entidad habrá de promover las medidas de protección adecuadas a las circunstancias de aquél conforme a lo dispuesto en la Ley Orgánica 1/1996, de 15 de enero.

Partiendo de estas disposiciones de la LORPM y de lo establecido en el art. 69 del CP, vamos a referirnos a tres colectivos a los cuales por cuestiones metodológicas daremos diferentes denominaciones: niños a los sujetos menores de 14 años, menores a los sujetos entre 14 y 18 años y jóvenes o semiadultos a los sujetos de 18 a 21 años.

a) Edad mínima- niños

Según se desprende del art. 3 de la LORPM, los sujetos menores de 14 años no serán responsables conforme a dicha ley. Es así como la ley marca el ámbito subjetivo de su aplicación, excluyendo al colectivo que hemos denominado como niños, esto es a los sujetos menores de 14 años. Como resultado de lo señalado, en España se toma como edad mínima de responsabilidad penal los 14 años, considerando que un sujeto que se encuentra por debajo de ella, no tiene responsabilidad penal, por considerarle inimputable bajo una presunción *iuris et de iure*[212].

El que se plantee que no tiene responsabilidad penal, no implica que no tenga respuesta al margen del Derecho Penal. Según señala el art. 3 de la LORPM, el Ministerio Fiscal deberá remitir

---

212 Al respecto, GONZÁLEZ RUS, J. J., "Sobre el fundamento de la responsabilidad criminal del menor", en *Un Derecho Penal Comprometido, Libro en homenaje al profesor Gerardo Landrove Díaz,* Tirant lo blanch, Valencia, 2011, pp. 511 y ss. y FEIJOO SÁNCHEZ, B., "Bases dogmáticas de la responsabilidad penal de los menores", en *Tratado sobre la delincuencia juvenil y responsabilidad penal del menor. A los 20 años de la Ley Orgánica 5/2000, de 12 de enero, reguladora de responsabilidad penal de los menores,* Wolter Kluwer, Madrid, 2021, pp.317 y ss.

a la Entidad Pública[213] de protección de menores, testimonio de los particulares que considere precisos respecto al menor, a fin de valorar su situación, y dicha entidad habrá de promover las medidas de protección adecuadas a las circunstancias de aquél conforme a lo dispuesto en la LO 1/1996.

Es así como por debajo de los 14 años, los sujetos que han cometido delito, entran dentro del esquema de protección, cuya competencia está en las Comunidades Autónomas. Sumado a la normativa específica de cada Comunidad Autónoma[214], respecto

---

213 Dicha remisión no es un trámite inexcusable. En este sentido la *Circular 2/2016 de la Fiscalía General del Estado, de 24 de junio, sobre el ingreso de menores con problemas de conducta en centros de protección específicos.* **[TOL5.763.346]**, establece "debe obviarse cuando por la escasa entidad de los hechos, por la suficiencia de la corrección en el ámbito familiar o educativo y por las circunstancias de todo orden del menor, no se detecte la necesidad de articular los recursos previstos en el orden civil para su protección".

214 Un estudio en las Comunidades de Valencia, Extremadura y Madrid es realizado por: GONZÁLEZ MONJE, A., "La responsabilidad penal de los infractores menores de 14 años. Normativa supranacional y tratamiento por las distintas comunidades autónomas", en *Análisis jurídico y criminológico de la delincuencia protagonizada por menores de 14 años. Un estudio a partir del proyecto del Observatorio de Estudios Penales y Criminológicos de la Infancia (OEPCI) de la Universidad de Salamanca*, Aranzadi, Navarra, 2022, pp. 35 y ss. En la misma obra colectiva citada, encontramos los siguientes estudios: para una referencia a la regulación en Castilla y León: DÍAZ CORTÉS, L. M. y CARRILLO SÁNCHEZ, J. A., "Respuesta legal y administrativa a los menores infractores que no alcanzan los 14 años en Castilla y León", pp. 69 y ss.; particularmente relevante el estudio empírico realizado en dicha comunidad en QUIÑONEZ TORAL, N, T.; AILEN PRESTI, L.; ROJAS VARÓN, A. S. y GARCÍA DOMÍNGUEZ, I., "Estudio longitudinal sobre la delincuencia de los menores de 14 años en la Comunidad de Castilla y León (2008-2017): especial referencia al año 2012, pp. 175 y ss.; y sobre el tratamiento en Málaga SIESTO MARTIN, D., "Legislación y tratamiento institucional en relación a los menores que comente delitos antes de los 14 años en Málaga", pp. 101 y ss.

a este colectivo, se aplicarán los tratados internacionales en la materia que sean exigibles para España, siendo de fundamental referencia la CDN, de igual forma la Constitución española por constituir el principal marco de cualquier regulación, el Código Civil y la LO 1/1996 por regular aspectos fundamentales relacionados con la protección jurídica del menor.

Conforme a lo expuesto podemos decir que España se ajusta a los lineamientos internacionales de la materia, dado que establece una edad mínima de responsabilidad penal de 14 años, que coincide con las recomendaciones del Comité de los Derechos del Niño, regulando una respuesta frente a los niños en el marco de protección[215].

b) Edad máxima- menores

Según lo hemos señalado en el art. 1 de la LORPM establece su marco de actuación para los sujetos entre 14 y menores de 18 años, determinando con ello la aplicación del criterio cronológico, en el que se prescinde del análisis de la madurez.

CRUZ MÁRQUEZ considera que en la LORPM la única manifestación de la valoración de la madurez está en su art. 10, con el establecimiento de los tramos para establecer las medidas, esto es el que va de 15 a 16 y el que cubre de los 16 a los 18. El que una mayor edad implique agravar la medida impuesta, "es

---

215 Al respecto indicar, que el Grupo Parlamento VOX, presentó en el Congreso de Diputados una Proposición de *"Ley Orgánica por la que se modifica la Ley Orgánica 5/2000, de 12 de enero, reguladora de la responsabilidad penal de los menores, para rebajar la edad penal y sancionar con más firmeza y eficacia los delitos cometidos por menores"*, planteando como modificación la reducción de la edad mínima a los 12 años. Disponible en <https://www.congreso.es/public_oficiales/L15/CONG/BOCG/B/BOCG-15-B-201-1.PDF> [Consulta: 12/10/2025].

indicativo no tanto de la mayor peligrosidad del mayor de dieciséis años, como de la presunción de una mayor madurez”[216].

Podemos agregar que el análisis de la madurez, estaría presente para la elección de la medida adecuada respecto al menor infractor. En este sentido, el art. 7.3 de la LORPM establece: “Para la elección de la medida o medidas adecuadas se deberá atender de modo flexible, no sólo a la prueba y valoración jurídica de los hechos, sino especialmente a la edad, las circunstancias familiares y sociales, la personalidad y el interés del menor (…)”; debido a que se analizan las circunstancias específicas del menor, dentro de las cuales la referencia a su propia personalidad podría estar ligada a su madurez[217]. En la misma línea el art. 39 de la LORPM, establece que la sentencia tomará:

> […] en consideración las circunstancias y gravedad de los hechos, así como todos los datos debatidos sobre la personalidad, situación, necesidades y entorno familiar y social del menor, la edad de éste en el momento de dictar la sentencia, y la circunstancia de que el menor hubiera cometido o no con anterioridad otros hechos de la misma naturaleza, resolverá sobre la medida o medidas propuestas, con indicación expresa de su contenido, duración y objetivos a alcanzar con las mismas. La sentencia será motivada, consignando expresamente los hechos que se declaren probados y los medios probatorios de los que resulte la convicción judicial.

Ahora bien, ¿hasta qué punto lo anterior, podría ser considerado, como una forma de analizar la madurez del menor en el modelo español?

En nuestro concepto, aparte de las reflexiones expresadas, consideramos que en España no se analiza el criterio de madurez

---

216 CRUZ MÁRQUEZ, B., *Educación y prevención general…*, *op. cit.*, p. 85, nota 112.

217 Sobre la influencia de la madurez en la elección de la medida, tómese en cuenta lo señalado en este trabajo sobre la valoración de la imputabilidad *sui generis* del menor.

dentro de la imputabilidad. Por ende en el caso de un sujeto entre 14 y menor de 18 años, este sería imputable conforme al sistema de menores, salvo que se encontrara incurso en alguna de las causales para declararle inimputable, pero nunca se le podría considerar inimputable atendiendo a su madurez. Las repercusiones de esto, la analizaremos más detenidamente en el siguiente punto. Por ahora, y en lo que a la edad máxima se refiere, podemos decir que en España al establecer la edad máxima en los 18 años, para aplicar la justicia juvenil, se están siguiendo los criterios del *corpus iuris* internacional en la materia[218].

c) Jóvenes

Dando aplicación al art. 69 del CP, la versión primigenia de la LORPM de 2000 establecía en su art. 4, la posibilidad de aplicar dicha normativa a los sujetos mayores de 18 años y menores de 21 años. Esta potestad se le daba al juez atendiendo a: las circunstancias personales, al grado de madurez del autor y a la naturaleza y gravedad de los hechos. No obstante dicha norma, en principio, nunca entró en vigor, por las sucesivas reformas de la LORPM —*Ley Orgánica 9/2000, de 22 de diciembre* **[TOL145.189]** y *Ley Orgánica 9/2002, de 10 de diciembre* **[TOL221.176]**— y su final derogación con la reforma de la *Ley Orgánica 8/2006, de 4 de diciembre* **[TOL1.010.892]**.

Señalamos en principio, una situación sin duda anecdótica que se dio. La norma de la LORPM que preveía tal situación, estaba suspendida desde la entrada en vigor de la ley, hasta el 1 de enero del año 2007. Es así como el legislador al establecer su derogación definitiva en 2006, incurre en un descuido, ya que no toma en cuenta que la última prórroga de la suspensión de vigencia del

---

218 De hecho el conocimiento del *corpus iuris* internacional no sólo en lo que tiene que ver con edades, se establece como exigencia de la Ley Orgánica 8 de 2021 de Protección Integral a la infancia y la adolescencia frente a la violencia, para los profesionales que ingresen y promocionen en las Carreras Judicial y Fiscal.

precepto vencía el día 1 de enero de 2007 y la fecha en que entró en vigor la reforma de la LO 8/2006, fue el 5 de febrero de 2007.

Se suscitaron múltiples interrogantes sobre las consecuencias de esta vigencia, que pretendieron ser resueltos por los servicios técnicos de la Fiscalía General del Estado mediante la instrucción 5/2006[219]. En tales directrices se entendió que la suspensión que había ordenado la anterior reforma —LO 9/2002— debía considerarse tácitamente prorrogada hasta que ganará vigencia formal la nueva norma —LO 8/2006—. En un análisis que la Fiscalía defiende como interpretativo, y no gramatical, alega que no resultaría lógico que un precepto legal que nunca ha llegado a entrar en vigor, y cuya expulsión del ordenamiento jurídico ha sido decidida "definitivamente" por el propio Legislador, pueda producir efectos durante el período de *vacatio legis* de la propia Ley que lo deroga. De este modo concluye, que la Disposición Derogatoria de la LO 8/2006 no puede, por tanto, pese a las omisiones que contenga, interpretarse de otro modo o producir otro efecto que no sea el de la tácita reconducción de la suspensión previamente acordada, hasta que la inaplicación del precepto devenga, como ha querido el Legislador, "definitiva". De ahí que la derogación del art. 4 de la LO 5/2000 reguladora de la responsabilidad penal de los menores (LORPM), mediante LO 8/2006, excluye su aplicación en todo caso, tanto a hechos anteriores como posteriores al 1 de enero de 2007, fecha en que concluye la suspensión de su entrada en vigor que dispuso la LO 9/2002. A tal efecto, dicha suspensión debía entenderse tácitamente prorrogada hasta que ganara vigencia formal la nueva norma.

Frente a esta interpretación "traída de los cabellos", no fueron pocas las voces que se manifestaron en contra. En este sentido, la Circular 5/2007 Consejo General de la Abogacía Española, señaló entre sus principales argumentos, que el principio de legalidad y

---

219 *Instrucción 5/2006 sobre los efectos de la derogación del artículo 4 de la Ley Orgánica 5/2000, de 12 de enero Reguladora de la responsabilidad penal de los menores, prevista por ley orgánica 8/2006 de 4 de diciembre.* **[TOL1.018.370].**

una interpretación gramatical imponen la aplicación de la norma más beneficiosa para el justiciable, lo que no hace la interpretación de Fiscalía que es contra el sentido literal y por tanto *contra legem*, conllevando a la creación de otra norma distinta.

Pese a dicho concepto, lo cierto es que el criterio de la Fiscalía se siguió por el propio Tribunal Supremo, quién en la STS 502/2007 de 4 de junio **[TOL1.106.844]**, indicó que:

> [...] se considera que la aplicación, aún ocasional, del derogado art. 4 LORPM, además de resultar contraria a la interpretación lógica, sistemática, histórica y teleológica de las normas jurídicas concernidas, producirá efectos no previstos ni deseados por el legislador, que tras evitarlos en sucesivas ocasiones, ha dispuesto la definitiva exclusión de la norma de nuestro ordenamiento jurídico.

De esta forma, en la actualidad la LORPM no se aplica a sujetos que entre los 18 y los 21 años hayan cometido algún delito, lo cual no impide que en un futuro pueda hacerlo, en ejercicio del art. 69 del CP. No obstante, podemos enunciar dos particularidades respecto al tratamiento del delincuente dentro de dicha franja de edad: una respecto a lo que ha señalado la jurisprudencia en torno a su culpabilidad y la otra respecto a su tratamiento penitenciario.

El primer aspecto guarda relación con un planteamiento fundamental, ¿se debe considerar que un sujeto cuando adquiere la mayoría de edad adquiere *ipso facto* una culpabilidad igual que un adulto? Después de todo lo que hemos analizado, podemos decir que en atención al criterio cronológico que se aplica en el sistema de justicia español, los 18 años vienen a constituir el límite máximo de dentro de dicho sistema, por lo cual se parte de su capacidad de culpabilidad adulta. Cumplida dicha edad, el sujeto que comete un delito entra el sistema penal adulto. Ahora bien, a nivel jurisprudencial los tribunales han decidido argumentos hechos por las defensas de acusados, de edades próximas a la mayoría de edad, como los apenas cumplidos 18 años o los 22 años, en los que se alegó la aplicación de una atenuante analógica de menor edad en base a los arts. 19 y 21.6 CP.

Sobre este punto, la STS 922/2012, de 4 diciembre **[TOL2.704.435],** señaló varios argumentos, citando diferentes pronunciamientos jurisprudenciales, que en su opinión configuran doctrina consolidada de dicha Sala.

En primer lugar, que el art. 19 del CP "no establece una atenuante con la que cualquier otra circunstancia no prevista en la ley pueda tener analogía", ajustándose a señalar un límite cronológico máximo que marcaba la diferencia entre una responsabilidad penal de un menor y una responsabilidad penal de un mayor de edad[220] [221].

En segundo lugar, que en atención al criterio cronológico, una vez cumplidos los 18 años "ya es aplicable el sistema de la mayoría de edad penal" [222], no suponiendo su cercanía con la edad de no responsabilidad ante el sistema penal adulto, una menor culpabilidad; como tampoco se podría decir que la culpabilidad aumente con la edad[223]. Una vez el sujeto llega a la edad máxima (18 años) de aplicación de la legislación en materia de responsabilidad penal del menores, dicha edad no puede por sí misma

---

220 STS 1050/2002, de 6 junio **[TOL4.921.461]**.

221 En la misma línea referida al art. 69 del CP, la STS 1363/2004, de 29 noviembre **[TOL.526.570]**, señala: "El art. 69 CP. tampoco es aplicable, dado que la LO 9/2000 (Disposición transitoria única) de 22 de diciembre suspendió la aplicación de las disposiciones referentes a las medidas aplicables a jóvenes entre 18 y 21 años de edad previstas por la LO 5/2000. Por otra parte, no cabe deducir de una regla como la del art. 69 CP, que establece una especie de consecuencia jurídica y un determinado régimen de ejecución, una circunstancia análoga a la que excluye a los menores de 18 años del régimen del Código Penal. No se trata de medidas fundadas en la menor gravedad de la culpabilidad, como las contenidas en el art. 21 CP., sino de medidas penales basadas en consideraciones preventivo-especiales, de las que no depende la gravedad de la culpabilidad".

222 STS 1299/1999, de 24 de septiembre **[TOL5.152.424]** o STS 733/2000, de 27 de abril **[TOL4.923.685]**.

223 STS 1638/1998, de 29 de diciembre **[TOL5.150.611]**.

influir en su culpabilidad[224]. Por lo tanto, no hay "posibilidad alguna de aplicación para estos supuestos de la circunstancia atenuante por analogía del actual art. 21.6".

En tercer lugar, el Tribunal Supremo considera que el cumplimiento de la edad de 18 años, te hace mayor de edad, "por lo que no se prevé que se pueda ser penalmente mayor de edad de forma incompleta". Es decir, eres o no mayor de edad, pero no de forma incompleta, por lo cual en "los casos de acreditada inmadurez mental del agente que ya ha cumplido 18 años lo que procede no es la atenuante analógica con la minoría de edad, sino la eximente incompleta o la atenuante analógica referidas a la anomalía o alteración psíquicas"[225].

En lo que respecta, al segundo punto, el *Real Decreto 190/1996 por el que se aprueba el Reglamento Penitenciario* **[TOL327.663]**, en su art. 173 señala que los sujetos menores de 21 años o excepcionalmente menores de 25 años, deberán ser remitidos al Departamento de Jóvenes, en los que su funcionamiento se preside por una acción educativa especialmente intensa. Lo que marca sin duda una respuesta especial, tan es así que según el art. 99 del Reglamento, el traslado de un joven al Departamento de adultos, debe ser autorizado por la Junta de Tratamiento e informado al Juez de Vigilancia.

Conforme a lo anterior, en España no se plantea la aplicación de la respuesta de la LORPM frente a los sujetos entre 18 y 21 años. No obstante, si existe una acreditada inmadurez en dichos sujetos, se podrá alegar una circunstancia análoga a la anomalía psíquica, si se demuestran sus elementos para considerarla, pero todo dentro del ámbito penal adulto. Por otra parte, donde si se establece una especialidad, es en materia penitenciaria, dado que según el Reglamento Penitenciario todo sujeto menor de 21

---

224 STS 154/2009, de 6 febrero **[TOL1.474.859]**.

225 STS 948/2000, de 29 mayo **[TOL4.922.658]** y STS 1050/2002, de 6 junio (antes citada).

años, incluso excepcionalmente, menor de 25 años, deberá ser remitido al Departamento de Jóvenes, cuyo funcionamiento está presidido por una especial intensidad de los fines educativos.

B) La valoración de la imputabilidad *sui generis* del menor

Como lo señalamos al inicio, uno de los temas fundamentales de estudio en materia de menores en conflicto con la ley penal, es la capacidad de culpabilidad. En este sentido, se entiende superada la idea de inimputabilidad, que dentro del modelo tutelar entendía que la persona menor de edad, a partir de una edad mínima, no tenía responsabilidad penal y que por lo tanto su respuesta debía ser dada desde un ámbito diferente. La historia demostró que dicho esquema, pese a haber sido el germen de una respuesta diferente frente al menor en conflicto con la ley penal, su trasfondo ideológico positivista, determinó un escenario pernicioso para el menor. En efecto, la peligrosidad desplazó las garantías, ignorando la medida de la culpabilidad en el hecho, para dar respuesta a una peligrosidad de autor, que no era penal, pero que privaba de libertad bajo el pretexto de proteger al menor. De dicha época, eran las alusiones a "en el bien no hay exceso", por lo cual, para qué un abogado si el proceso no era penal o para qué medir su culpabilidad si no la posee. El tiempo determinó que se planteara el modelo de responsabilidad y con ello que se partiera de la necesidad de reconocer una capacidad de culpabilidad al menor.

Según lo que hemos analizado en la parte de Derecho Civil, el criterio del menor maduro supone una excepción al criterio de cronológico que determina que la mayoría de edad se adquiere a los 18 años. Pues se parte que para determinados actos se puede considerar al menor maduro, en atención a su situación particular y circunstancias. Ahora bien, en materia penal, la aplicación del criterio cronológico según el cual a partir de determinada edad un menor que comete un delito puede ser considerado imputable frente a la justicia juvenil ¿implicaría que una persona menor de edad tiene una capacidad igual que un adulto? En una primera aproximación, se cae de su peso tal apreciación. Pero es que el criterio cronológico, implica que la madurez no es analizada como un elemento que en caso de su ausencia, afecte la imputabilidad[226]. Ahora bien, esto no debería suponer ignorar la condición de menor, ya que el análisis de la imputabilidad debe tomar en cuenta la misma, pero ¿en qué se basa?

Para responder lo anterior, partamos de que en el caso español, la redacción del art. 19 del CP, determinó que dentro de la doctrina se señalara que el menor tenía una responsabilidad penal, más no criminal como el adulto y con ello una forma diferente de respuesta. En razón de ello, se promulga la LORPM, la cual establece el marco fundamental de un sistema cualitativamente distinto de respuesta frente al menor en conflicto con la ley penal. Dicha normativa no es sólo un texto con determinadas particularidades procesales o en la ejecución, sino un sistema cualitativamente distinto del adulto[227]. Así se señala en la Exposición de Motivos, al indicar que la naturaleza *materialmente sancionadora-educativa*, traspasa no sólo al propio procedimiento, sino a sus medidas, por lo cual la doctrina se plantea que las mismas tienen una finalidad preventivo especial, desplazando las razones preventivo generales.

Ahora bien, en el punto fundamental que tiene que ver con su capacidad de culpabilidad, una parte de la doctrina en España plantea una imputabilidad *sui generis*. En este punto, encontramos un interesante trabajo publicado por FEIJOO SÁNCHEZ en 2021[228]. El autor señala que la LORPM excluye a los sujetos de 14 años de su ámbito de aplicación, no porque no tengan la capacidad de comprender la ilicitud del hecho y su actuar conforme a su

---

226 Eventualmente su inmadurez podría ser analizada, si es de tal magnitud, que se considere como circunstancia análoga a una anomalía psíquica, en sintonía con lo señalado *supra*.

227 FEIJOO SÁNCHEZ, B., *op. cit.*, p. 329.

228 *Ibidem*, p. 321.

comprensión, sino por la no conveniencia de aplicar el Derecho Penal para dar respuesta a este colectivo. En este sentido, remitiéndose a ROXIN indica que en Alemania, se alega que la decisión del límite de los 14 años, se basa en argumentos de prevención general positiva, resultando contraindicada, desde el punto de la prevención especial, una intervención por debajo de dicha edad[229].

En opinión de FEIJOO SÁNCHEZ, los sujetos a partir de los 14 años, si bien no disponen socialmente de la capacidad para desestabilizar la norma que haga necesaria la respuesta con una pena, sí disponen de las capacidades personales para "ser responsabilizados de sus conductas incompatibles con las normas penales"[230]. Según el autor, considerar que se establece una edad mínima de responsabilidad penal partiendo de una fundamentación que deriva desde la psicología o neurociencias evolutivas, es una ficción. Por lo cual las verdaderas razones son normativas, con una lógica "jurídica vinculada a estructuras sociales de responsabilidad y procesos de reconocimiento" [231]. Es así como "lo que cambia el día que se cumplen 18 años es algo ajeno a la psique o los procesos mentales del individuo: su estatus como miembro de pleno derecho de la comunidad jurídica, con independencia de su madurez y de sus capacidades mentales" [232].

Lo anterior es un interesante argumento que guarda relación con la perspectiva sociológica que vimos respecto al reconocimiento de la persona menor de edad como actor social. En efecto, los "ya -si" son los que así son definidos y reconocidos, por lo cual sólo a ellos, es decir a los adultos, les podemos considerar como sujetos cualificados para poner en entredicho la vigencia de la norma penal. En otras palabras, los sujetos "aun -no", que no tienen "reconocida normativamente la capacidad para par-

---

229 FEIJOO SÁNCHEZ, B., *op. cit.*, p. 329.

230 *Idem.*

231 *Ibidem*, p. 328.

232 *Idem.*

ticipar en la elaboración y configuración de ese ordenamiento jurídico"[233], no pueden poner en entredicho la norma penal, porque no son sujetos con plenitud de sus derechos.

En efecto, es necesario que exista una coherencia interna "para que los que no ven intersubjetivamente reconocida la capacidad para crear la normatividad, tampoco vean reconocida la capacidad comunicativa de lesionarla"[234]. De este modo, se plantea una respuesta marcada por una finalidad protectora que potencia la prevención especial desplazando la prevención general. Es así como el papel de la prevención especial se ubica como determinante del sistema, protagonista:

> [...] porque no existen especiales necesidades preventivo-generales ya que los menores carecen de una capacidad para poner en entredicho o desautorizar la norma equivalente a la de los adultos, aunque la infrinjan con conocimiento de antijuridicidad de su conducta y pudiendo orientar su conducta conforme a dicho conocimiento[235]..

En mi opinión, el autor trae un argumento interesante, que tiene que ver con la incoherencia que supondría señalar que el fundamento de la capacidad de culpabilidad de un menor es igual que la de un adulto, dado que no tiene capacidades para elaborar y configurar el ordenamiento que se le indica ha violado. Es decir, habría una contradicción respecto a la persona menor de edad, ya que si la capacidad de culpabilidad es igual que la de un adulto, se le estaría tratado como igual es decir un "ya sí" para lo negativo, pese a que en cuestiones que se pueden valorar como positivas

---

233 Lo que denomina CABEZAS HERNÁNDEZ, M., *op. cit.*, pp. 134 y ss., como vulnerabilidad política. Los niños no sólo carecen del derecho al voto ya que tampoco pueden ser elegidos como representantes políticos. De hecho frente a injusticias dependen de otros para reivindicar sus derechos.

234 FEIJOO SÁNCHEZ, B., *op. cit.*, p. 329.

235 *Ibidem*, p. 331.

como la participación en condiciones de igualdad en deliberaciones y asuntos públicos se le estaría limitando, por ser un "aún no".

Partiendo de su no capacidad para poner en entredicho la norma, pero reconociendo que tiene la capacidad de comprenderla y actuar en consecuencia, la prevención especial opera de forma privilegiada, determinando que su respuesta se basa en las necesidades educativas del menor "en función de los factores que le han llevado a cabo la comisión del delito". Por lo cual la proporcionalidad al hecho "no es un criterio orientativo, sino sólo un límite a evitar excesos en los que puede incurrir la orientación preventivo-especial"[236]. Es así como por dichas finalidades el menor nunca puede sufrir "unas consecuencias derivadas de sus acciones superiores a las que pueda sufrir un adulto", lo cual dispone el art. 8 de la LORPM[237].

El argumento del autor me parece muy interesante, pero me aparto de este en dos puntos. En primer lugar, en que señale que incluso un menor de 14 años, tiene capacidad de culpabilidad, por lo que ya hemos señalado. Los "datos de la naturaleza"[238] dados por los estudios de la psicología y las neurociencias evolutivas y que han sido reconocidos por el Comité de los Derechos del Niño, impone la "decisión normativa"[239] de no establecer una presunción de madurez o capacidad de culpabilidad en un sujeto menor de 14 años. El Comité expresamente ha negado que se pueda alterar ese límite, aduciendo el análisis de su madurez. Las razones científicas dan contenido coherente a la decisión normativa.

---

236 FEIJOO SÁNCHEZ, B., *op. cit.*, p. 322.

237 *Ibidem*, p. 331.

238 Así lo refiere POZUELO PÉREZ, L., "Poena sine culpa? Cuando las medidas se convierten en penas por el mero transcurso del tiempo", *InDret Penal: Revista para el Análisis del Derecho*, 2, 2020, p. 180. Disponible en <https://indret.com/wp-content/uploads/2020/04/1538-1.pdf> [Consulta: 15/05/2023].

239 *Idem.*

En segundo lugar, el autor señala que los argumentos desde la psicología y neurociencias evolutiva no son la razón de la determinación de la capacidad de culpabilidad, ya que suponen una ficción. No obstante, reconoce la importancia de dichos "datos de la naturaleza" cuando indica que:

> La LRPM no presume que los menores de 18 años carezcan en general de la capacidad de comprender la ilicitud del hecho o de actuar de acuerdo a esa comprensión como referente normativo de la inimputabilidad. Se trataría de una afirmación que chocaría con la terquedad de la realidad —con independencia de las mayores dificultades inhibitorias o de planificación durante la adolescencia—. ¿Un joven de 17 años no sabe que está prohibido matar o no puede adaptarse a ese conocimiento? Se trataría de una presunción poco compatible con los conocimientos sobre psicología evolutiva [240].

De ahí que considero que el autor acepta que el fundamento de la capacidad de culpabilidad del menor, tiene un sustrato psicológico y neurocientífico y también normativo. Ahora bien, esta idea de la imputabilidad *sui generis*, que atiende las especificidades del menor tanto psicológicas, neurológicas, como normativas, se desdibuja, cuando en el plano práctico desdoblamos a la persona menor de edad. En este sentido me remito a un elocuente trabajo de CRUZ MÁRQUEZ, publicado en 2021 y titulado "Una aproximación a las consecuencias de omitir la valoración de la culpabilidad por el hecho en el sistema penal juvenil"[241] y cuyas ideas fundamentales también defendió en un Congreso en la Universidad de Valencia de 2021.

---

[240] FEIJOO SÁNCHEZ, B.,*op. cit.*, p. 326.

[241] CRUZ MÁRQUEZ, B., "Una aproximación a las consecuencias omitir la valoración de la culpabilidad por el hecho en el sistema penal juvenil", en *Tratado sobre delincuencia juvenil y responsabilidad penal del Menor. A los 20 años de la Ley Orgánica 5/2000, de 12 de enero, reguladora de responsabilidad penal de los menores*, Wolter Kluwer, Madrid, 2021, pp. 339 y ss.

Para la autora, las especificidades del menor, repercuten en su capacidad de culpabilidad. De esta forma, atendiendo a la psicología y a las neurociencias evolutivas, la imputabilidad debe ser matizada. Es así como en su elemento volitivo se debe analizar la capacidad del menor de regular su comportamiento de acuerdo a las habilidades cognitivas y el reconocimiento de una conducta considerada arriesgada o incorrecta. Dicha capacidad se afectaría en situaciones de dependencia emocional especialmente intensa. En estos casos, la mencionada dependencia respecto a personas de referencia de su entorno cercano, como padres, educadores o de un grupo de iguales, frente a los que la persona menor de edad necesite un reconocimiento indispensable, puede matizarse que si bien este perciba el carácter injusto del hecho no obre en consecuencia.

La autora refiere otras circunstancias que afectan el conocimiento de la antijuridicidad, por ejemplo en los casos de "falta de proporcionalidad del medio utilizado o la ponderación errónea del bien amparado por una causa de justificación", tomando en cuenta la dificultad para valorar la situación global y dar una respuesta diferente a la que resulta más fácil e inmediata. De igual forma en la exigibilidad de la conducta conforme a la norma, por ejemplo en el caso de la "comisión del delito en el contexto del grupo de pares o bajo indicaciones de sus miembros, cuando su influencia en el desarrollo de la propia autoestima sea especialmente relevante y la dinámica de los hechos haya dificultado enormemente desbancarse del grupo" [242].

Estos ejemplos ilustran circunstancias que afectan la culpabilidad del menor, por lo cual, en caso de que les juzgue en la justicia juvenil, deben ser tenidas en cuenta. No obstante, la autora señala que cuando se trata de medir la culpabilidad por el hecho cometido, a diferencia de lo que ocurre en adultos, en la regulación

---

[242] *Ibidem*, pp. 341-342.

española no existe ninguna pauta en la ley para tomar en cuenta las matizaciones que hemos referido y que afectan su culpabilidad. Es así como la autora, a partir de un análisis jurisprudencial deduce que en los menores, circunstancias que si concurrieran en adultos implicarían una reducción en su culpabilidad, "se le aplican sanciones más interventivas (privativas de libertad o libertad vigilada) o una mayor duración en el tiempo de la medida"[243].

En efecto, en el ámbito de menores, en los casos analizados, las carencias en el proceso de maduración y socialización, se resuelven en "clave preventivo especial, derivando, especialmente en aquellos casos en que se confirma la incapacidad de las instancias de control informal para contrarrestarlos, en una extensión de la intervención penal educativa dentro de los límites máximos previstos en la LORPM"[244]. Es así como se da un incumplimiento del art. 8 de la LORPM, que ya referimos y que indica "tampoco podrá exceder la duración de las medidas privativas de libertad del tiempo que hubiera durado la pena privativa de libertad que se le hubiere impuesto por el mismo hecho, si el sujeto, de haber sido mayor de edad, hubiera sido declarado responsable, de acuerdo con el Código Penal".

De este modo, la aparente especialidad de la respuesta se ve desdibujada y los fines preventivo especiales, superan la respuesta que, ignorando la prohibición que el menor nunca puede sufrir *unas consecuencias derivadas de sus acciones superiores a las que pueda sufrir un adulto.*

---

[243] GUARDIOLA GARCÍA, J. (Dir.). "Libro de actas del Congreso Peligrosidad, sanción y educación en el Derecho penal juvenil: 20 años de experiencias; celebrado los días 16, 23 y 30 de abril de 2021 en línea, Facultat de Dret de la Universitat de València",*ReCRIM: Revista de l'Institut Universitari d'Investigació en Criminologia i Ciències Penals de la UV*, 25, 2021, p. 79.

[244] CRUZ MÁRQUEZ, B., "Una aproximación a las consecuencias…", *óp. cit.*, p. 347.

Reflexión final

La relación entre personas menores de edad y el reconocimiento de su madurez, debe ser analizada desde una perspectiva poliédrica, dado que sólo con ella se puede construir un escenario de respuesta coherente respecto al menor como actor social. En esto el Derecho tiene mucho que ver, dado que su misión es *colaborar al bien común, instaurando en la sociedad un orden de justicia.* En este sentido, es fundamental que visiones dadas desde la psicología y las neurociencias evolutivas sobre el desarrollo cognitivo y socioemocional de los menores, sean reconocidas por el Derecho para dar una respuesta congruente. Para que los "datos de la naturaleza", den contenido racional a la decisión e interpretación normativa.

El Derecho positivo no puede crear vulnerabilidades estructurales, que limiten el ejercicio de derechos de los menores debido a su presunción de "no madurez" y por otra potenciar, respuestas punitivas bajo la presunción de "madurez". En este trabajo hemos puesto sobre la mesa el desdoblamiento de la persona menor de edad, evidenciando las incongruencias que se dan, incluso cuando se le analiza en un mismo papel, en este caso el de victimario.

Nos quedan pendientes dos aspectos que debemos profundizar, por una parte, el tema de la imputabilidad *sui generis*, evidenciando las incongruencias que se dan, estableciendo una capacidad de culpabilidad específica, pero ignorándolas en su aplicación. De comprobarse esto implicaría que el modelo de responsabilidad tampoco ha hecho tanto, porque el sistema penal juvenil se ha centrado en dotar de garantías procesales, sobre las que sin duda se ha evolucionado en el caso concreto de menores, pero ha olvidado la necesidad de un análisis específico del menor, cuando se pretenda demostrar su responsabilidad penal. Ignorar esto, conlleva desconocer el necesario filtro que debe darse en su respuesta, el cual pasa por analizar todas las categorías del delito desde el matiz de la persona menor de edad.

En segundo lugar, queremos analizar la coherencia que se da respecto al menor como víctima y victimario. Hace unos años, en la redacción de una monografía, me encontré con un interesante trabajo del profesor GONZÁLEZ RUS, publicado en 2010, titulado: "El menor como sujeto responsable penal y como sujeto pasivo especialmente protegido. Congruencias e incongruencias". El artículo analiza la congruencia o no de la respuesta legal dada al menor, como victimario y víctima, preguntándose, si la respuesta penal respecto a este como responsable penal parte de una concepción del menor, igual a la que se maneja cuando es víctima. Por eso se pregunta, ¿estamos frente al mismo menor? Según sus propias palabras:

> [...] ¿tiene el legislador español una imagen coherente y completa del menor, que se refleja en las previsiones que adopta sobre el mismo? ¿Se corresponde el –digámoslo así–, "modelo" de menor deducible de las disposiciones penales protectoras de bienes jurídicos de los que es titular el menor, con la concepción que ese mismo legislador tiene del menor como eventual agresor de esos mismos bienes jurídicos?[245].

La invitación del artículo del profesor GONZÁLEZ RUS, es excelente. Reflexionar sobre si la imagen que tiene el Derecho Penal

---

245 GONZÁLEZ RUS, J. J., "El menor como sujeto responsable penal y como sujeto pasivo especialmente protegido. Congruencias e incongruencias", en *El menor como víctima y victimario de la Violencia social. (Estudio Jurídico)*, Dykinson, Madrid, 2010, p.104. Un excelente trabajo que analiza la coherencia del ordenamiento respecto al menor como víctima es el de MOYA GUILLEM, C. y DURÁN SILVA, C., "La inconsistente presunción de fragilidad de las víctimas menores en el Derecho penal (sustantivo y procesal). A propósito de la Ley Orgánica 8/2021", *Indret: Revista para el Análisis del Derecho*, 1, 2022. Disponible en <https://indret.com/wp-content/uploads/2022/01/1676.pdf> [Consulta: 12/10/2025].

frente al menor en conflicto con la ley penal es la misma que tiene frente al menor víctima del delito. Cuestión que queremos analizar de la mano de la edad de consentimiento sexual y el establecimiento de la cláusula que excluye la responsabilidad, del sujeto que tenga relaciones consentidas con un menor de 16 años, en los casos en que exista cercanía de edad y madurez. Los dos son temas nuevos de investigación, en los que esperare seguir madurando.

Bibliografía

AGUSTINA, J. R., "¿Debe perseguirse penalmente la pornografía producida por y entre menores?", en *La pornografía. Sus efectos sociales y criminógenos. Una aproximación multidisciplinar*, Edisofer, Buenos Aires, 2011, pp. 87-149.

AIZPURÚA GONZÁLEZ, E. y FERNÁNDEZ MOLINA, E., "¿Cuándo es demasiado tarde? Determinación de la edad de responsabilidad penal de los menores", *Boletín Criminológico*, 19. Disponible en <https://revistas.uma.es/index.php/boletin-criminologico/article/view/7977> [Consulta: 16/07/ 2025].

ALBA BERMUDEZ, J. M., "El derecho a decidir de los pacientes menores de edad", *Revista Colombiana de Bioética, 14*, 2, 2019, 9-18.

ANDRÉS PUEYO, A., "La renovación del concepto de madurez en la Psicología: un avance de vez en cuando", *Blog ROBERTO COLOM* (Profesor de psicología, Universidad Autónoma de Madrid). Disponible en <https://robertocolom.wordpress.com/2016/12/12/la-renovacion-del-concepto-de-madurez-en-la-psicologia-un-avance-de-vez-en-cuando-por-antonio-andres-pueyo/#more-5227> [Consulta: 10/03/ 2023].

ARIAS DÍAZ, M. D., "Lección 3. El sujeto de Derecho: La persona física", en *Lecciones de Derecho Civil*, 3ª ed., Tecnos, Madrid, 2021.

ARIÉS, P., *El niño y la vida familiar en el antiguo régimen*, Taurus, Madrid, 1988.

ARNAU MOYA, F., "Aspectos polémicos de la Ley 8 de 2021, de medidas de apoyo a las personas con discapacidad", Revista Boliviana de Derecho, 33, 2022, 534-573.

BARATTA, A., "Infancia y democracia", *Infancia, ley y democracia en América Latina*, Temis, Depalma, Bogotá, 1999, pp. 31-58.

BARQUERO, B., "Una mirada al principio de no-regresividad en los derechos humanos de las personas menores de edad: prohibición de reducir la edad mínima de responsabilidad penal", *Revista Jurídica IUS Doctrina, 9*, 14, 2016, 1-30. Disponible en <https://revistas.ucr.ac.cr/index.php/iusdoctrina/article/view/25249> [Consulta: 30/05/2023].

BATUECAS CALETRIO, A., "El control de los padres sobre el uso que sus hijos hacen de las redes sociales", en *En torno a la privacidad y la protección de datos en la sociedad de la información*, Comares, Granada, 2015, pp. 137-170.

BENITO ALONSO, F., "Los antecedentes históricos de la Ley 5/2000, de 12 de enero, reguladora de la responsabilidad penal de los menores, como criterio de interpretación de la misma", *Diario La Ley*, 12470, Tomo IV, 2001, pp. 1-28.

BEYTH-MAROM, R.; AUSTIN, L.; FISCHHOFF, B.; PALMGREN, C. & JACOBS-QUADREL, M., "Perceived Consequences of Risky Behaviors: Adults and Adolescents", *Developmental Psychology, 29*, 3, 1993, 549-563. <https://doi.org/10.1037/0012-1649.29.3.549>.

BLAKEMORE, S. J. y FRITH, U., *Cómo aprende el cerebro. Las claves para la educación*, Ariel, Barcelona, 2016.

BROWN, B. B. & LARSON, J., "Peer Relationships in Adolescence", en *Handbook of Adolescent Psychology*, 2009, pp. 74-103. <https://doi.org/10.1002/9780470479193.adlpsy002004>.

BUENO i TORRENS, D., "El cerebro adolescente: época de cambio y transformación", *Revista General de Derecho Penal*, Iustel, 42 , 2024, 1-15.

CABEZAS HERNÁNDEZ, M., *La infancia invisible. Cuestiones ético-políticas sobre los niños*, Tecnos, Madrid, 2022.

CANO PAÑOS, M. A., "La desaparición de la delincuencia infantil en España, la consiguiente ausencia de debate y, de nuevo, un espejo en el que mirarse Alemania", *Revista Penal*, 55, 2025, 63-82.

CARRASCO HIERRO, E. y RODRÍGUEZ PASCUAL, I., "La discriminación por razón de edad desde el enfoque de los derechos humanos del niño: ¿una asignatura pendiente en la formación para el Trabajo Social?", *Trabajo Social Global–Global Social Work, 10*, 18, 2020, 188-210. <https://dx.doi.org/10.30827/tsg-gsw.v10i18.11417>.

CARRETERO, M. y LÉON CASCON, J., "Desarrollo cognitivo y aprendizaje en la adolescencia", en *Desarrollo psicológico y educación: Psicología Evolutiva*, Alianza, Madrid, 1994, pp. 311-326. <https://doi.org/10.1111/j.1532-7795.2010.00712.x>.

CASANUEVA SANZ, I., *La incidencia del consumo de drogas en la imputabilidad*, Aranzadi, Navarra, 2019.

CASAS AZNAR, F., "Imputabilidad y responsabilidad: los niños como actores, desde la mirada de los adultos", *Anuario de Psicología Jurídica*, 3, 1993, 55-71.

— *Infancia: perspectivas psicosociales*, Paidos, Barcelona, 1998.

— "Infancia y representaciones sociales", *Política y Sociedad, 43*, 1, 2006, 27-52.

— "Los derechos de los niñas y las relaciones intergeneracionales", *Educación Social: revista de intervención socioeducativa*, 38, 2008, 15-25.

— "Representaciones sociales que influyen en las políticas sociales de infancia y adolescencia en Europa", *SIPS, Revista Interuniversitaria de Pedagogía social,* 17, 2010, 15-28.

CASEY, B. J.; JONES, R. M. & SOMERVILLE, L. H.; "Braking and Accelerating of the Adolescent Brain", *Journal of Research on Adolescenec, 21,* 1, 2011, 21-33.

CILLERO BRUÑOL, M., "La convención sobre los derechos del niño como culminación de un proceso de reconocimiento internacional de los derechos de los niños", en *Tratado del Menor. La protección jurídica de la infancia y la adolescencia,* Thomson Reuters Aranzandi, Navarra, 2016, pp. 85-91.

COUNCIL OF EUROPE, *La Convención de los Derechos del Niño (Resumen no oficial).* [En línea]. <https://www.coe.int/es/web/compass/convention-on-the-rights-of-the-child> [Consulta: 15/05/ 2023].

CRUZ ÁNGELES, J., "La protección de los derechos de los menores sospechosos o acusados en procesos penales en la Unión Europea", *Ordine Internazionale e diritti umani,* 2, 2017, 156-166.

CRUZ MÁRQUEZ, B., *Educación y prevención general en el derecho penal de menores,* Marcial Pons, Ediciones Jurídicas y Sociales, Madrid 2006.

— "Una aproximación a las consecuencias de omitir la valoración de la culpabilidad por el hecho en el sistema penal juvenil", en *Tratado sobre delincuencia juvenil y responsabilidad penal del Menor. A los 20 años de la Ley Orgánica 5/2000, de 12 de enero, reguladora de responsabilidad penal de los menores,* Wolter Kluwer, Madrid, 2021, pp. 339-360.

CUELLO CALÓN, E., *Tribunales para niños,* Librería General de Victoriano Suárez, Madrid, 1917.

DAILEY, A. C. & ROSENBURY, L. A., "The New Law of the Child", *The Yale Law Journal, 127,* 6, 2018, 1448-1537.

DEMETRIO CRESPO, E., "Libertad de voluntad, investigación sobre el cerebro y responsabilidad penal: Aproximación a los fundamentos del moderno debate sobre Neurociencias y Derecho penal", *Indret: Revista para el Análisis del Derecho,* 2, 2011. Disponible en <https://indret.com/wp-content/themes/indret/pdf/807.pdf> [Consulta: 17/07/2025].

— "«Compatibilismo humanista»: Una propuesta de conciliación entre Neurociencias y Derecho Penal Neurociencias y derecho penal", en *Nuevas perspectivas en el ámbito de la culpabilidad y tratamiento jurídico-penal de la peligrosidad,* Euros Editores S.R.L., Buenos Aires, 2020, pp. 17-42.

DEMETRIO CRESPO, E. y SANZ HERMIDA, Á., "Avances en el reconocimiento de los derechos de los menores sospechosos o acusados en procesos penales: la Nueva directiva 2016/800", *Revista General de Derecho Penal,* 26, 2016.

DÍAZ-AGUADO JALON, M. J., "El desarrollo moral", en *Psicología evolutiva,* Universidad Nacional de Educación a Distancia (UNED), Madrid, 1998, pp. 117-146.

DÍAZ CORTÉS, L. M., "El debate sobre la penalización o no del «*sexting* primario» entre menores: el contexto de respuesta, su incoherencia y el desconocimiento de límites", *Revista de Derecho Penal y Criminología,* 18, 2017, 39-90.

— "Fuentes de las estrategias de prevención de la delincuencia juvenil en el marco de las Naciones Unidas", *Menores y justicia juvenil,* Thomson Reuters Aranzadi, Navarra, 2021, pp. 75-97.

DÍAZ CORTÉS, L. M. y CARRILLO SÁNCHEZ, J. A., "Respuesta legal y administrativa a los menores infractores que no alcanzan los 14 años en Castilla y León", en *Análisis jurídico y criminológico de la delincuencia protagonizada por menores de 14 años. Un estudio a partir del proyecto del Observatorio de Estudios Penales y Criminológicos de la Infancia (OEPCI) de la Universidad de Salamanca,* Aranzadi, Navarra, 2022, pp. 69-99.

DÍAZ-MAROTO Y VILLAREJO, J., "La responsabilidad penal del menor y las sanciones aplicables", *Revista Aranzadi de Derecho y Proceso Penal,* 43, 115-146.

DUARTE QUAPPER, C., *El adultocentrismo como paradigma y sistema de dominio. Análisis de la reproducción de imaginarios en la investigación social chilena sobre lo juvenil,* Tesis doctoral, Universidad Autónoma de Barcelona, Barcelona, 2015. Disponible en <https://www.tdx.cat/bitstream/handle/10803/377434/cdq1de1.pdf?sequence=1> [Consulta: 10/03/ 2023].

DUNKEL, F., "Edad de imputabilidad penal y jurisdicción de los tribunales juveniles en Europa", *Revista de Estudios de la Justicia,* 22, 2015, 31-49.

ESHEL, N.; NELSON, E. E.; BLAIR, J.; PINE, D. S. & ERNST, M., "Neural substrates of choice selection in adults and adolescents: Development of the ventrolateral prefrontal and anterior cingulated cortices", *Neuropsychologia, 45,* 6, 2007, 1270-1279.

ETXEBARRIA, I., "El Desarrollo moral", en *Desarrollo afectivo y social,* Ediciones Pirámide, Madrid, 1999, pp. 181-209.

FAÚNDEZ LEDESMA, H., *El sistema interamericano de Protección de los Derechos Humanos. Aspectos institucionales y procesales,* 3ª revisada y puesta al día, Instituto Interamericano de Derechos Humanos, San José, Costa Rica, 2004. Disponible en <https://www.corteidh.or.cr/tablas/23853.pdf> [Consulta: 15/05/ 2023].

FEIJOO SÁNCHEZ, B., "Bases dogmáticas de la responsabilidad penal de los menores", en *Tratado sobre la delincuencia juvenil y responsabilidad penal del menor. A los 20 años de la Ley Orgánica 5/2000, de 12 de enero, reguladora de responsabilidad penal de los menores,* Wolter Kluwer, Madrid, 2021, pp. 317-338.

GARCÍA MÉNDEZ, E., "Infancia, ley y democracia: una cuestión de justicia", en *Derechos y garantías de la niñez y adolescencia hacia la consolidación de la doctrina de protección integral,* Oficina del Alto Comisionado de las Naciones Unidas para los Derechos Humanos, Quito, 2010, pp. 3-29.

GARCÍA RUBIO, M. P., "La persona en derecho civil. Cuestiones permanentes y algunas otras nuevas", *Teoría y derecho, Revista de pensamiento jurídico,* 14, 2013, 82-109.

— "¿Qué es y para qué sirve el interés del menor?", *Actualidad Jurídica Iberoamericana,* 13, 2020, 14-49.

GARCÍA RODRÍGUEZ, M. J., "Normas mínimas comunes a escala de la Unión Europea para garantizar los derechos de los menores sospechosos o acusados en los procesos penales ¿cómo implementarlas en la ley española de responsabilidad penal del menor?", *La Ley Unión Europea,* 96, 2021.

GETE-ALONSO Y CALERA, M. del C., "Persona, personalidad, capacidad", en *Tratado de derecho de la persona física,* Tomo I, Civitas, Thomson Reuters, Madrid, 2013, pp. 61-120.

— "Mujer y patrimonio (el largo peregrinaje del siglo de las luces a la actualidad)", *Anuario de derecho civil, 67,* 3, 2014, pp. 765-894.

GREEN, S., *La criminalización del sexo. Una teoría liberal unificada,* Marcial Pons, Barcelona, 2024.

GOLDBERG, E., *The executive brain: Frontal lobes and the civilized mind,* Oxford University Press, Nueva York, 2001.

GONZÁLEZ LEÓN, C., "La protección de los datos de salud del menor de edad y el derecho de acceso a su historia clínica electrónica", en *Algunos desafíos en la protección de datos,* Comares, Granada, 2018, pp. 51-86.

GONZÁLEZ MONJE, A., "La responsabilidad penal de los infractores menores de 14 años. Normativa supranacional y tratamiento por las distintas comunidades autónomas", en *Análisis jurídico y criminológico de la delincuencia protagonizada por menores de 14 años. Un estudio a partir del proyecto del Observatorio de Estudios Penales y Criminológicos de la Infancia (OEPCI) de la Universidad de Salamanca,* Aranzadi, Navarra, 2022, pp. 35-67.

GONZÁLEZ RUS, J. J., "El menor como sujeto responsable penal y como sujeto pasivo especialmente protegido. Congruencias e incongruencias", en *El menor como víctima y victimario de la Violencia social. (Estudio Jurídico)*, Dykinson, Madrid, 2010, pp. 103-140.

— "Sobre el fundamento de la responsabilidad criminal del menor", en *Un Derecho Penal Comprometido, Libro en homenaje al profesor Gerardo Landrove Díaz,* Tirant lo Blanch, Valencia, 2011, pp. 511-529.

GRISSO, T. y VIERLING, L., "Minors' consent to treatment: A developmental perspective", *Professional Psychology, 9,* 3, 1978, 412–442.

GROOTENS WIEGERS, P.; HEIN, I. M.; VAN DEN BROEK, J. M. & DE VRIES, M. C., "Medical decision-making in children and adolescents: developmental and neuroscientific aspects", *BMC Pediatrics,* 17, 120, 2017, 1-10. <https://doi.org/10.1186/s12887-017-0869-x>.

GUARDIOLA GARCÍA, J. (Dir.). "Libro de actas del Congreso Peligrosidad, sanción y educación en el Derecho penal juvenil: 20 años de experiencias; celebrado los días 16, 23 y 30 de abril de 2021 en línea, Facultat de Dret de la Universitat de València", *ReCRIM: Revista de l'Institut Universitari d'Investigació en Criminologia i Ciències Penals de la UV,* 25, 2021.

HALPERN FELSHER, B. & CAUFFMAN, E., "Costs and benefits of a decision. Decision-making competence in adolescents and adults", *Journal of Applied Developmental Psychology, 22,* 3, 2001, 257–273. <https://doi.org/10.1016/S0193-3973(01)00083-1>.

HANS, V. P. y REYNA, V. F., "To Dollars from Sense: Qualitative to Quantitative Translation in Jury Damage Awards", *Cornell Law Faculty Publications,* 638, 2011, 120-147.

JORQUI AZOFRA, M., "Régimen jurídico de la autonomía de los menores de edad en el marco de decisiones sanitarias", *Revista de la Facultad de Derecho de México,* Tomo LXVIII, 272, 2018, 457-500. <http://dx.doi.org/10.22201/fder.24488933e.2018.272-1.67621>.

KOHLBERG, L., "Estadios Morales y Moralización: La vía cognitivo –evolutiva", *Psicología del desarrollo moral,* Desclée de Brouwer S. A, Bilbao, pp. 185-193.

KOUCHNER, C., *La Familia grande,* Península, Madrid, 2021.

LIEFAARD, T.; RAP, S. y BOLSCHER, A., *¿Puede escucharme alguien?. La participación de los niños en la justicia juvenil: manual para adecuar los sistemas de justicia juvenil europeos a los menores,* Observatorio Internacional de Justicia Juvenil, Bélgica, 2016. Disponible en <https://www.observatoriodelainfancia.es/oia/esp/documentos_ficha.aspx?id=5304> [Consulta: 10/03/2023].

MANGAS MARTÍN, A., "La protección internacional de los Derechos del niño", *Boletín Europeo de la Universidad de la Rioja,* 4, 1998, 7-15.

MARTIN BADIA, J., "La valoración de la madurez en adolescentes. Requisitos, indicadores y condicionantes", *DILEMATA Revista Internacional de Éticas aplicadas*, 35, 2021, 31-52.

MARTÍNEZ DE AGUIRRE, C., "La recepción de la idea de la vulnerabilidad en el Derecho civil español. Materiales para un debate", en *Vulnerabilidad patrimonial: retos jurídicos*, Thomson Reuters Aranzadi, Navarra, 2022, pp. 33-54.

MARTÍNEZ GARAY, L., *La imputabilidad penal*, Tirant lo Blanch, Valencia, 2005.

MOMMSEN, T., *Derecho penal romano*, La Española Moderna, Madrid, 1905.

MORALES VIVES, F., "La relevancia de la madurez psicológica en el ámbito psicopedagógico", *Padres y Maestros*, 359, 2014, 30-34. DOI: <https://doi.org/10.14422/pym.i359.y2014.007>.

MORALES VIVES, F.; CAMPS, E.; LORENZO SEVA, U. & VIGIL COLET, A., "The role of psychological maturity in direct and indirect aggressiveness in spanish adolescents", *The Spanish Journal of Psychology*, 17, 2014, 1-8. <https://doi.org/10.1017/sjp.2014.18>.

MORÁN MARTIN, R., "El 'sí de las niñas' o el derecho es una herramienta llena de incoherencias", *El cronista del Estado Social y Democrático de Derecho*, 79, 2019, 4-11.

MOYA GUILLEM, C. y DURÁN SILVA, C., "La inconsistente presunción de fragilidad de las víctimas menores en el Derecho penal (sustantivo y procesal). A propósito de la Ley Orgánica 8/2021", *Indret: Revista para el Análisis del Derecho*, 1, 2022. Disponible en <https://indret.com/wp-content/uploads/2022/01/1676.pdf> [Consulta: 12/10/2025].

OLIVA DELGADO, A., "La adolescencia como riesgo y oportunidad", *Infancia y aprendizaje*, *27*, 1, 2004, 115-122.

— "La conducta antisocial adolescente a la luz de las ciencias del cerebro", *Revista de Psicología da CrianÇa e do Adolescente*, Lisboa, *4*, 2013, 129-147.

— "El desarrollo psicológico de la capacidad para tomar decisiones", en *El menor maduro: cinco aproximaciones a un perfil poliédrico*, Centro Reina Sofía sobre la Adolescencia y Juventud, Madrid, 2019, pp. 30-66.

OLIVA DELGADO, A. y ANTOLÍN-SUÁREZ, L., "Cambios en el cerebro adolescente y conductas agresivas y de asunción de riesgos", *Estudios de Psicología*, *31*, 1, 2010, 53-66.

PALACIOS, J., "¿Qué es la adolescencia?", en *Desarrollo psicológico y educación: Psicología Evolutiva*, Alianza, Madrid, 1994, pp. 299-310.

PAVEZ SOTO, I. e SEPULVEDA KATTAN, N., "Concepto de agencia en los estudios de la infancia. Una revisión teórica", *Sociedad e infancias*, 3, 2019, 193-210.

PÉREZ DEL VALLE, C., "Imputabilitas y teoría de la imputación", *Indret: Revista para el análisis del Derecho*, 5, 2015. Disponible en <https://indret.com/wp-content/themes/indret/pdf/1128.pdf> [Consulta: 12/10/2025].

PÉREZ GALLARDO, L. B., "Autonomía progresiva y capacidad para testar de las personas menores de edad", en *Capacidad y protección de las personas menores de edad en el derecho,* Ediciones Olejnik, Santiago de Chile, 2021, pp. 295-312.

PÉREZ MIRAS, A., "Libertad de expresión y menores", en *Desafíos de la protección de menores en la Sociedad Digital. Internet, redes sociales y comunicación,* Tirant lo Blanch, Valencia, 2018, pp. 235-256.

PÉREZ-VITORIA MORENO, O., "El discernimiento como fundamento de la responsabilidad criminal de los menores", *Anales de la Universidad de Barcelona,* 1940, 119-125.

PIAGET, J., "El desarrollo mental del niño", en *Seis estudios de psicología,* Colección Labor, Barcelona, 1984, pp. 11-94.

PIAGET, J. y INHELDER, B., *Psicología del niño,* Morata, Madrid, 1984.

PILLADO GONZÁLEZ, E., "Implicaciones de la Directiva (UE) 2016/88, relativa a las garantías procesales de los menores sospechosos o acusados en los procesos penales, en la Ley de responsabilidad penal del menor", *Revista General de Derecho Europeo,* 48, 2019.

PINEDA NEBOT, C., "La participación de los niños en las ciudades. Ciudades amigas de la infancia", *Revista de Ciencias Humanas, 17,* 1, 2017, 159-170.

PORTAL MANRUBIA, J., "El fortalecimiento de las garantías procesales en la jurisdicción penal de menores", *Revista Aranzadi Doctrinal,* 4, 2018.

PULIDO, M. C. y BLANCHARD, M., "La Comisión Interamericana de Derechos Humanos y sus mecanismos de protección aplicados a la situación de los refugiados, apátridas y solicitantes de asilo". Disponible en <https://www.acnur.org/fileadmin/Documentos/BDL/2014/2578.pdf> [Consulta: 15/05/ 2023].

POZUELO PÉREZ, L., "Poena sine culpa? Cuando las medidas se convierten en penas por el mero transcurso del tiempo", *InDret Penal: Revista para el Análisis del Derecho,* 2, 2020, 171-194. Disponible en <https://indret.com/wp-content/uploads/2020/04/1538-1.pdf> [Consulta: 15/05/ 2023].

QUIÑONEZ TORAL, N, T.; AILEN PRESTI, L.; ROJAS VARÓN, A. S. y GARCÍA DOMÍNGUEZ, I., "Estudio longitudinal sobre la delincuencia de los menores de 14 años en la Comunidad de Castilla y León (2008-2017): especial referencia al año 2012", en *Análisis jurídico y criminológico de la delincuencia protagonizada por menores de 14 años. Un estudio a partir del proyecto del Observatorio de Estudios Penales y Criminológicos de la Infancia (OEPCI) de la Universidad de Salamanca,* Aranzadi, Navarra, 2022, pp. 175-197.

RIVERO HERNÁNDEZ, F., *El interés del menor,* Dikinson, Madrid, 2000.

RODRIGO APIO, J. J., "Evaluación psicológica de la madurez psicosocial en adolescentes", *Psicopatología Clínica, Legal y Forense, 17,* 2017, 14-31.

RODRÍGUEZ PASCUAL, I., "¿Sociología de la infancia? Aproximaciones a un campo de estudio difuso", *Revista internacional de sociología, 58,* 26, 2000, 99-124.

RODRÍGUEZ PASCUAL, I. e MORALES MARENTE, E., "¿Cuántas veces dejamos de ser niños? Un análisis de la representación social de la autonomía infantil", *REIS, Revista Española de Investigaciones Sociológicas,* 143, 2013, 75-92.

RUÍZ DE HUIDROBO DE CARLOS, J. M., "La capacidad de obrar y la responsabilidad de los menores", en *Tratado del menor. La protección jurídica a la infancia y la adolescencia,* Aranzadi, Navarra, 2016, pp. 158-183.

RUIZ MARTÍNEZ-CAÑAVATE, M., "Neurociencia, derecho y derechos humanos", *Revista de Derecho de la UNED,* 17, 2015, 1249-1277.

SÁNCHEZ GONZÁLEZ, M., "Análisis de la adaptación al Derecho Civil Español del art. 12 de la Convención sobre los derechos de las personas con discapacidad", *Revista Boliviana de Derecho,* 34, 2022, 684-715.

SCOTT, E. S.; REPPUCCI, N. D. & WOOLARD, J. L., "Evaluating adolescent decision making in legal contexts", *Law and Human Behavior, 19,* 3, 1995, 221–244. <https://doi.org/10.1007/BF01501658>.

SEAONE RODRÍGUEZ, J. A. y ÁLVAREZ LATA, N., "El menor maduro desde la perspectiva del Derecho", en *El menor maduro: cinco aproximaciones a un perfil poliédrico,* Centro Reina Sofía sobre la Adolescencia y Juventud, Madrid, 2019, pp. 67-91.

SIEGEL, D. J., *Tormenta cerebral. El poder y el propósito del cerebro adolescente,* Alba, Barcelona, 2022.

SIESTO MARTIN, D., "Legislación y tratamiento institucional en relación a los menores que comente delitos antes de los 14 años en Málaga", en *Análisis jurídico y criminológico de la delincuencia protagonizada por menores de 14 años. Un estudio a partir del proyecto del Observatorio de Estudios Penales y Criminológicos de la Infancia (OEPCI) de la Universidad de Salamanca,* Aranzadi, Navarra, 2022, pp. 101-129.

SILVA MELERO, V., "Relaciones entre el Derecho Civil y el Derecho Penal", *Anuario de derecho penal y ciencias penales,* Tomo I, 1948, 246-269.

STEINBERG, L., "Risk Taking in Adolescence: New Perspectives from Brain and Behavioral Science", *Current directions in psychological science : a journal of the American Psychological Society, 16*, 2, 2007, 55-59.

— "Does Recent Research on Adolescent Brain Development Inform the Mature Minor Doctrine?", *Journal of Medicine and Philosophy, 38*, 3, 2013, 256–267. <https://doi.org/10.1093/jmp/jht017>.

STEINBERG, L. & CAUFFMAN, E., "Maturity of judgment in adolescence: Psychosocial factors in adolescent decision making", *Law and Human Behavior, 20*, 3, 1996, 249–272. <https://doi.org/10.1007/BF01499023>.

STEINBERG, L. & MONAHAN, K. C., "Age Differences in Resistance to Peer Influence", *Developmental psychology, 43*, 6, 2007, 1531-1543. <https://doi.org/10.1037/0012-1649.43.6.1531>.

SÜNKER, H. y MORAN-ELLIS, J., "Nuevos estudios de la infancia, política de infancia y derechos de los niños y niñas", *Sociedad e infancias*, 2, 2018, 171-178.

VÁZQUEZ GONZÁLEZ, C., *Derecho penal juvenil europeo*, Dykinson, Madrid, 2005.

VÁZQUEZ GONZÁLEZ, C., " El grado de madurez en los menores de edad. Dificultades en su valoración y apreciación", *LA LEY Derecho de familia*, Nº 36, Sección A Fondo, Cuarto trimestre de 2022, 1-16.

VELASCO PERDIGONES, J. C., *Autonomía progresiva y responsabilidad civil del menor*, Dykinson, Madrid, 2024.

VENTAS SASTRE, R., *Estudio de la minoría de edad desde una perspectiva penal, psicológica y criminológica*, Edersa, Madrid, 2002.

WEINBERGER, D. R.; ELVEVAG, B. & GIEDD, J. N., *The adolescent brain: A work in progress*, National Campaign to Prevent Teen Pregnancy, Washington, DC, 2005.

WENGER AMENGUAL, L. S., *Comportamiento antisocial, personalidad y madurez en adolescentes y jóvenes*, tesis doctoral, Facultad de Psicología, Universidad de Barcelona, Barcelona, 2018.

WILHELMS, E. A. y REYNA, V. F., "Fuzzy trace theory and medical decisions by minors: differences in reasoning between adolescents and adults", *Journal of Medicine and Philosophy, 38*, 3, 2013, 268-282. <https://doi.org/10.1093/jmp/jht018>.

INFORMES DE ORGANISMOS INTERNACIONALES

AGNU. *Promoción y protección del derecho a la libertad de opinión y expresión.* [Informe del Relator Especial Sr. Frank La Rue]. *Nota del Secretario General.* A/69/335, de 21 de agosto de 2014.

CIDH. *Justicia juvenil y derechos humanos en las Américas,* Informe anual 2011, de la Relatoría sobre los Derechos de la niñez. OEA/Ser.L/V/II. Doc. 78. 13 julio 2011.

UNICEF. *Las edades mínimas legales y la realización de los derechos de los adolescentes. Una revisión de la situación en América Latina y el Caribe,* 2016. Disponible en <https://www.unicef.org/lac/media/6766/file/PDF%20Edades%20mínimas%20legales.pdf> [Consulta: 10/03/ 2023].

UNICEF, CENTRO DE INVESTIGACIONES INNOCENTI. *Observaciones Generales del Comité de los Derechos del Niño,* Unicef, Florence, 2006. Disponible en <https://bienestaryproteccioninfantil.es/observaciones-generales-del-comite-de-los-derechos-del-nino-2006/> [Consulta: 15/05/2023].

UNICEF, DIF Nacional México. *Observaciones Generales del Comité de los Derechos del Niño,* México, D.F.: Unicef, 2014. Disponible en <https://bienestaryproteccioninfantil.es/observaciones-generales-del-comite-de-los-derechos-del-nino-2014/> [Consulta: 26/05/2023].

INSTRUMENTOS INTERPRETATIVOS

COMITÉ SOBRE LOS DERECHOS DE LAS PERSONAS CON DISCAPACIDAD. Observación general N° 1 (2014), CRPD/C/GC/1, 19 de mayo de 2014. Disponible en <https://docs.un.org/es/CRPD/C/GC/1> [Consulta: 15/05/2023].

COMITÉ DE LOS DERECHOS DEL NIÑO. OBSERVACIÓN GENERAL N° 10 (2007). Los derechos del niño en la justicia de menores, CRC/C/GC/10, 25 de abril de 2007. Disponible en <https://docs.un.org/es/CRC/C/GC/10> [Consulta: 30/05/2023].

— OBSERVACIÓN GENERAL N° 12 (2009). El derecho del niño a ser escuchado. CRC/C/GC/12, 20 de julio de 2009. Disponible en <https://docs.un.org/es/CRC/C/GC/12> [Consulta: 15/05/2023].

—OBSERVACIÓN GENERAL N° 20 (2016) sobre la efectividad de los derechos del niño durante la adolescencia. CRC/C/GC/20, 6 de diciembre de 2016. Disponible en <https://docs.un.org/es/CRC/C/GC/20> [Consulta: 05/06/ 2023].

— OBSERVACIÓN GENERAL Nº 24 (2019) relativa a los derechos del niño en el sistema de justicia juvenil. CRC/C/GC/24, 18 de septiembre de 201. Disponible en <https://docs.un.org/es/CRC/C/GC/24> [Consulta: 05/06/ 2023].

COMITÉ DE MINISTROS del CONSEJO DE EUROPA. *Directrices del Comité de Ministros del Consejo de Europa para una justicia adaptada a los niños: adoptadas por el Comité de Ministros del Consejo de Europa el 17 de noviembre de 2010 en la reunión nº 1098 de Adjuntos de los Ministros.* Oficina de Publicaciones, 2015. Disponible en <https://data.europa.eu/doi/10.2838/97437> [Consulta: 12/10/ 2025].

LEGISLACIÓN NACIONAL

PROPOSICIÓN DE LEY, 122/000175. *Proposición de Ley Orgánica por la que se modifica la Ley Orgánica 5/2000, de 12 de enero, reguladora de la responsabilidad penal de los menores, para rebajar la edad penal y sancionar con más firmeza y eficacia los delitos cometidos por menores.* Presentada por el Grupo Parlamentario VOX. BOLETÍN OFICIAL DE LAS CORTES GENERALES, núm. 201-1, de 1 de abril de 2025. Disponible en <https://www.congreso.es/public_oficiales/L15/CONG/BOCG/B/BOCG-15-B-201-1.PDF> [Consulta: 12/10/ 2025].

Instrumento de Ratificación de la Convención sobre los Derechos del Niño, adoptada por la Asamblea General de las Naciones Unidas el 20 de noviembre de 1989. BOE núm. 313, de 31/12/1990.

Instrumento de ratificación de la Convención sobre los derechos de las personas con discapacidad, hecho en Nueva York el 13 de diciembre de 2006. BOE núm. 96, de 21/04/2008, **[TOL1.279.126].**

Ley Orgánica 1/1996 de Protección Jurídica del Menor de modificación parcial del Código Civil y de la Ley de Enjuiciamiento Civil. BOE núm. 15, de 17/01/1996, **[TOL301.481].**

Ley Orgánica 5/2000 del 12 de enero, reguladora de la responsabilidad penal de los menores, BOE núm. 11, de 13/01/2000, **[TOL110.219].**

Ley Orgánica 9/2000, de 22 de diciembre, sobre medidas urgentes para la agilización de la Administración de Justicia, por la que se modifica la Ley Orgánica 6/1985, de 1 de julio, del Poder Judicial. BOE núm. 307, de 22/12/2000, **[TOL145.189].**

Ley 41/2002, de 14 de noviembre, básica reguladora de la autonomía del paciente y de derechos y obligaciones en materia de información y documentación clínica. BOE núm. 274, de 15/11/2002, **[TOL215.624].**

Ley Orgánica 9/2002, de 10 de diciembre, de modificación de la Ley Orgánica 10/1995, de 23 de noviembre, del Código Penal, y del Código Civil, sobre sustracción de menores. BOE núm. 296, de 11/12/2002, **[TOL221.176].**

Ley Orgánica 8/2006, de 4 de diciembre, por la que se modifica la Ley Orgánica 5/2000, de 12 de enero, reguladora de la responsabilidad penal de los menores. BOE núm. 90, de 05/12/2006, **[TOL1.010.892].**

Ley 8/2021, de 2 de junio, por la que se reforma la legislación civil y procesal para el apoyo a las personas con discapacidad en el ejercicio de su capacidad jurídica, BOE núm.132, de 03/06/2021, **[TOL8.447.402].**

Real Decreto 190/1996, de 9 de febrero, por el que se aprueba el Reglamento Penitenciario, BOE núm. 40, de 15/02/1996, **[TOL327.663].**

Real Decreto 1774/2004, de 30 de julio, por el que se aprueba el Reglamento de la Ley Orgánica 5/2000, de 12 de enero, reguladora de la responsabilidad penal de los menores, BOE núm. 209, de 30/08/2004, **[TOL465.721].**

CIRCULARES E INSTRUCCIONES DE LA FISCALÍA GENERAL DEL ESTADO

Circular 1/2015 de la Fiscalía General del Estado, de 19 de junio, sobre pautas para el ejercicio de la acción penal en relación con los delitos leves tras la reforma penal operada por la LO 1/2015, **[TOL5.175.786].**

Circular 2/2016 de la Fiscalía General del Estado, de 24 de junio, sobre el ingreso de menores con problemas de conducta en centros de protección específicos, **[TOL5.763.346].**

Instrucción 5/2006 sobre los efectos de la derogación del artículo 4 de la Ley Orgánica 5/2000, de 12 de enero Reguladora de la responsabilidad penal de los menores, prevista por ley orgánica 8/2006 de 4 de diciembre, **[TOL1.018.370].**

LEGISLACIÓN EXTRANJERA

Jugendgerichtsgesetz (JGG), de 11 de diciembre de 1974(BGBI.I S. 3427). [Ley de Tribunales de Menores].

NORMATIVA EUROPEA

Convenio para la Protección de los Derechos Humanos y de las Libertades Fundamentales, hecho en Roma el 4 de noviembre de 1950. BOE núm. 243, de 10/10/1979, **[TOL164.153].**

Recomendación (UE) 2023/681 de la Comisión de 8 de diciembre de 2022 sobre los derechos procesales de las personas sospechosas o acusadas sometidas a prisión provisional y sobre las condiciones materiales de reclusión. Disponible en <https://www.boe.es/buscar/doc.php?id=DOUE-L-2023-80446> [Consulta: 17/09/ 2025].

Recomendación CM/R (2008) 11 del Comité de Ministros a los Estados miembros sobre las reglas europeas para infractores menores de edad sometidos a sanciones o medidas, adoptada por el Comité de Ministros el 5 de noviembre de 2008. Disponible en <https://www.fiscal.es/documents/20142/157164/Recomendaci%C3%B3n+2008+11.pdf/6801dd9a-89c7-1306-67dd-78bc3963c07d?version=1.1> [Consulta: 08/06/ 2023].

Directiva (UE) 2016/800 del Parlamento Europeo y del Consejo, de 11 de mayo de 2016, relativa a las garantías procesales de los menores sospechosos o acusados en los procesos penales. Disponible en <https://eur-lex.europa.eu/legal-content/ES/TXT/PDF/?uri=CELEX:32016L0800&from=CS> [Consulta: 08/06/ 2023], **[TOL5.724.666].**

Resolución 2010 (2014) de la Asamblea Parlamentaria del Consejo de Europa, Justicia penal adaptada a los niños: de la retórica a la realidad. Disponible en inglés en <https://pace.coe.int/en/files/21090/html> [Consulta: 08/06/ 2023].

NORMATIVA INTERNACIONAL

AGNU. *Declaración Universal de Derechos Humanos. Adoptada y proclamada por la Asamblea General en su resolución 217 A (III), de 10 de diciembre de 1948.* Disponible en <https://docs.un.org/es/A/RES/217(III)> [Consulta: 26/05/2023], **[TOL147.461].**

— *Declaración de los Derechos del Niño adoptada por la Asamblea General en su resolución 1386 (XIV), el 20 de noviembre de 1959.* Disponible en <https://docs.un.org/es/A/RES/1386%20(XIV)> [Consulta: 26/05/2023], **[TOL301.599].**

— *Pacto Internacional de Derechos Civiles y Políticos y Pacto Internacional de Derechos Económicos, Sociales y Culturales, adoptados por la Asamblea General en su resolución 2200 A (XXI), el 16 de diciembre de 1966.* Disponibles en

<https://docs.un.org/es/A/RES/2200(XXI)> [Consulta: 26/05/2023], **[TOL163.591] y [TOL207.989].**

— *Convención de Viena sobre el derecho de los tratados, adoptada por la Conferencia de Naciones Unidas el* 23 de mayo de 1969. A/CONF.39/27. Disponible en <https://www.refworld.org/es/leg/trat/onu/1969/es/73676> [Consulta: 26/05/2023].

Reglas mínimas de las Naciones Unidas para la administración de la justicia de menores (Reglas de Beijing), adoptadas y proclamadas por la Asamblea General en su resolución 40/33, de 29 de noviembre de 1985. Disponible en <https://docs.un.org/es/A/RES/40/33> [Consulta: 26/05/2023], **[TOL301.601].**

— *Convención sobre los Derechos del Niño, adoptada y proclamada por la Asamblea General en su resolución 45/25, de 20 de noviembre de 1989.* Disponible en <https://docs.un.org/es/A/RES/44/25> [Consulta: 26/05/2023], **[TOL137.009].**

— *Directrices de las Naciones Unidas para la prevención de la delincuencia juvenil (Directrices de Riad), adoptadas y proclamadas por la Asamblea General en su resolución 45/112, de 14 de diciembre de 1990.* Disponible en <https://docs.un.org/es/A/RES/45/112> [Consulta: 26/05/2023], **[TOL301.600].**

— *Reglas Mínimas de Naciones Unidas sobre las medidas no privativas de libertad (Reglas de Tokio), adoptadas y proclamadas por la Asamblea General en su resolución 45/110, de 14 de diciembre de 1990,* disponible en <https://docs.un.org/es/A/RES/45/110> [Consulta: 26/05/2023], **[TOL307.532].**

— *Reglas de las Naciones Unidas para la protección de los menores privados de libertad (Reglas de la Habana), adoptadas y proclamadas por la Asamblea General en su resolución 45/113, de 14 de diciembre de 1990.* Disponible en <https://docs.un.org/es/A/RES/45/112> [Consulta: 26/05/2023], **[TOL301.602].**

— *Convención internacional sobre los derechos de las personas con discapacidad, promulgado por la Asamblea General en su resolución 61/106,* el 13 de diciembre de 2006. Disponible en <https://docs.un.org/es/A/Res/61/106> [Consulta: 26/05/2023].

UNODC. *Declaración de Doha sobre la integración de la prevención del delito y la justicia penal en el marco más amplio del programa de las naciones unidas para abordar los problemas sociales y económicos y promover el estado de derecho a nivel nacional e internacional y la participación pública, de abril de 2015.* Disponible en <https://www.unodc.org/documents/congress/Declaration/V1504154_Spanish.pdf> [Consulta: 26/05/2023].

SOCIEDAD DE LAS NACIONES [SDN]. *Declaración de Ginebra de 26 de septiembre 1924 sobre los Derechos del Niño.* Disponible en <https://infancia.redem.org/declaracion-de-ginebra-sobre-los-derechos-del-nino/> [Consulta: 17/09/ 2025].

JURISPRUDENCIA NACIONAL

STC 174/2002, de 9 de octubre **[TOL258.535].**

STS 1638/1998, de 29 de diciembre **[TOL5.150.611]**

STS 1299/1999, de 24 de septiembre **[TOL5.152.424]**

STS 733/2000, de 27 de abril [**TOL4.923.685].**

STS 154/2009, de 6 febrero **[TOL1.474.859].**

STS 1050/2002, de 6 junio **[TOL4.921.461].**

STS 1363/2004, de 29 noviembre **[TOL.526.570]**

STS 502/2007, de 4 de junio **[TOL1.106.844].**

STS 922/2012, de 4 diciembre **[TOL2.704.435].**

JURISPRUDENCIA TRIBUNAL EUROPEO DE DERECHOS HUMANOS

Sentencia 5856/72 CASO TYRER [TEDH-20] Sentencia de 25 de abril de 1978. *Torturas y tratamientos inhumanos y degradantes (art. 3) infligidos en un procedimiento judicial en el Reino Unido.* Disponible en <https://hudoc.echr.coe.int/eng?i=001-165149> [Consulta: 17/09/ 2025].

Sentencia 24888/94 y 24724/94, de 16 de diciembre de 1999 (Fondo y satisfacción equitativa). CASOS T. Y V. CONTRA REINO UNIDO. Artículos 3 (Prohibición de tratos inhumanos y degradantes) y 6.1 (Derecho a un proceso equitativo, disponible en <https://hudoc.echr.coe.int/spa?i=001-163700> [Consulta: 10/03/2023].

Sentencia de 15 junio 2004 (Fondo y satisfacción equitativa), CASO S. C. CONTRA REINO UNIDO (Demanda 60958/00). Disponible en <https://hudoc.echr.coe.int/spa?i=001-61826> [Consulta: 10/03/2023].